Deutsch als Fremdsprache

Goranka Rocco

DSH-Prüfungstraining

Leseverstehen, Grammatik, Sprechen

Jan

Verlag Liebaug-Dartmann

1. Auflage 2006, Meckenheim
Druckerei: Carthaus, Bonn
Printed in Germany
ISBN 3-922989-60-8
EAN 978-3-922989-60-8

Inhaltsverzeichnis

Teil I

Teil II

Teil I

1 Anfänge der Sprachwissenschaft

[1] Unter *Sprachwissenschaft* versteht man im Allgemeinen die Wissenschaftsdisziplin, die sich mit der menschlichen Sprachfähigkeit und ihrer Realisierung in verschiedenen Sprachen dieser Welt beschäftigt.

[2] Was wissen wir über die Geschichte der Sprachwissenschaft? Vor der Beantwortung dieser Frage ist eine wichtige Unterscheidung zu treffen, und zwar die zwischen der Sprachwissenschaft im eigentlichen Sinne und der Philologie. Aufgrund seiner langen Geschichte ist der von den alten Griechen geprägte Begriff *Philologie* (gr. *philein* „lieben" + *logos* „Lehre, Rede") zwar schwer zu definieren, doch stark vereinfachend kann man als Forschungsschwerpunkt der Philologie die Literaturtradition bzw. die Tradition der altertümlichen Texte bezeichnen.

[3] Ein wissenschaftliches Interesse für die Sprache als primäres Untersuchungsobjekt lässt sich in der Antike kaum feststellen, die Philologen der Antike beschäftigten sich nämlich hauptsächlich mit Literaturdenkmälern und mit der Sprache berühmter Autoren.

[4] Das eigentliche Interesse an der menschlichen Sprache überhaupt – und nicht vordergründig an der Sprache großer Dichter und Redner – entwickelt sich erst im 18. und 19. Jh., und zwar im Rahmen der so genannten historisch-vergleichenden Sprachwissenschaft. Dieser Zweig der Sprachwissenschaft fragt in erster Linie nach dem Ursprung der Sprachen und nach ihren Verwandtschaftsbeziehungen. So wird z. B. in der zweiten Hälfte des 18. Jhs. von dem Engländer William Jones die Hypothese aufgestellt, dass zwischen dem Lateinischen, Griechischen, Persischen, Keltischen usw. und dem Sanskrit (dem Altindischen) Ähnlichkeiten bestehen. Dieser Gedanke wird u.a. von Friedrich Schlegel in seinem Buch „Über die Sprache und Weisheit der Inder" aufgenommen und weitergeführt.

[5] Einen wissenschaftlichen Charakter bekommt die historisch-vergleichende Sprachwissenschaft vor allem dank den Leistungen von Franz Bopp und Rasmus Rask, denn sie erbringen zahlreiche wissenschaftliche Nachweise dafür, dass die o.g. Sprachen verwandt sind und auf eine gemeinsame Ursprache zurückgeführt werden können: das Indogermanische (das Indoeuropäische).

[6] Schriftliche Belege dieser indogermanischen Ursprache liegen nicht vor; trotzdem besitzen wir heute relativ zuverlässige Informationen über ihre Beschaffenheit. Die Methode, die die Erforschung unzureichend belegter Sprachen ermöglicht, nennt man *Rekonstruktion*: Der Sprachwissenschaftler analysiert und vergleicht *verfügbare* Daten (z.B. Beispiele aus lebenden bzw. belegten Sprachen) und versucht dadurch, die *unbekannten* Informationen zu ermitteln.

[7] Nach dem Nachweis einer gemeinsamen Ursprache versuchte man in Zusammenarbeit mit der Archäologie, das Ursprungsgebiet der Indogermanen herauszufinden. Diese Urheimat der meisten europäischen Sprachen ist uns allerdings bis heute nicht bekannt, da keine der zahlreichen Hypothesen darüber, wo sie sich befand (Beispiele: Ostanatolien, Gebiete südlich des Schwarzen Meeres, Südosteuropa), allgemein akzeptiert ist.

[8] Welche Sprachen und Sprachgruppen gehören zur indogermanischen Sprachfamilie? Die meisten europäischen Sprachen gehören zu den drei großen Untergruppen des Indogermanischen: die germanische Gruppe (mit den untereinander eng verwandten Sprachen wie Deutsch, Englisch, Niederländisch oder Schwedisch), die romanische (z. B. Spanisch, Französisch, Italienisch, Rumänisch) und die slawische Sprachgruppe (z. B. Russisch, Polnisch, Bulgarisch). Darüber hinaus gehören zur indogermanischen Sprachgruppe auch Sprachen wie Griechisch, Albanisch oder Iranisch. Sprachen wie z. B. Türkisch oder Ungarisch gelten als nicht-indogermanische Sprachen, denn sie gehören zu ganz anderen Sprachfamilien.

[9] Die beschriebene Epoche der historisch-vergleichenden Sprachwissenschaft hat zwar zu wertvollen wissenschaftlichen Einsichten geführt, doch heute steht ihre vergangenheitsorientierte Sichtweise nicht mehr im Mittelpunkt. Im Unterschied zu dieser anfänglichen Phase der Sprachwissenschaft konzentriert man sich heute nämlich nicht mehr so stark auf die (mittlerweile z. T. ausgestorbenen) Sprachen vergangener Epochen. Vielmehr ist in den letzten Jahrzehnten eine klare Präferenz für die Erforschung der Gegenwartssprache erkennbar. Was interessiert, ist die lebendige Sprache, und zwar in all ihren Aspekten: von den Dialekten, Sprachen verschiedener sozialer Gruppen und Fachsprachen bis hin zu den kommunikativen Absichten, die man mit einer sprachlichen Äußerung verfolgt.

1.1 Leseverstehen und Wortschatz

1. Nennen Sie den Untersuchungsgegenstand der Philologie und der Sprachwissenschaft im eigentlichen Sinne! (2 – 3 Sätze)

   die Tradition der altertümliche Text ______________________

   ____

2. Fassen Sie den Unterschied zwischen der historisch-vergleichenden Sprachwissenschaft und der modernen Sprachwissenschaft in einem Satz zusammen.

   ____

   ____

3. Sowohl William Jones als auch Franz Bopp und Rasmus Rask beschäftigten sich mit den Ähnlichkeits- bzw. Verwandtschaftsbeziehungen zwischen verschiedenen Sprachen. In welcher Hinsicht unterscheiden sich ihre wissenschaftlichen Ergebnisse? (Stichpunkte)

   William Jones: ______________________________

   Franz Bopp und Rasmus Rask: ______________________

   ____

4. Fassen Sie die Vorgehensweise und das Ziel der Rekonstruktionsmethode stichwortartig zusammen.

   Vorgehensweise/Methode: ______________________

   Ziel/Zweck: ______________________________

5. Wofür stehen die eingeklammerten Beispiele im 7. Abschnitt? (Beispiele: Ostanatolien, Gebiete südlich des Schwarzen Meeres, Südosteuropa)

____

6. Versuchen Sie zu bestimmen, ob die folgenden Sprachen miteinander verwandt sind und wie eng: Ungarisch, Niederländisch, Deutsch, Polnisch, Bulgarisch.

eng verwandt: ______________________________

verwandt (gemeinsame Ursprache): ______________________________

nicht verwandt: ______________________________

7. Suchen Sie im Text Synonyme für die folgenden Ausdrücke.

Abschnitt [1]: a) sich befassen mit, untersuchen, erforschen ______________________________

Abschnitt [2]: a) Untersuchungsschwerpunkt ______________________________

b) wegen ______________________________

Abschnitt [3]: a) sehr bekannt ______________________________

b) Forschungsgegenstand ______________________________

Abschnitt [4]: a) Teilbereich der Sprachwissenschaft ______________________________

b) Annahme ______________________________

c) vorrangig, zentral, an erster Stelle (2 Synonyme)

____

Abschnitt [6]: a) da sein, vorhanden sein, existieren (es gibt) ______________________________

b) haben ______________________________

Abschnitt [9]: a) Perspektive, Blickwinkel, Standpunkt ______________________________

b) ersichtlich, sichtbar, bemerkbar ______________________________

c) Ziele, Intentionen ______________________________

8. Suchen Sie im Text alle Wörter, die mit der Vorsilbe *ur* anfangen. Versuchen Sie aufgrund ihrer Inhalte die Bedeutung von *ur* zu bestimmen.

____

____

____

9. Wofür stehen die Abkürzungen *z. B.*, *bzw.*, *u. a.*, *o. g.*, *z. T.*, *usw.*, *Jh.* und *Jhs.*?

____

____

____

10. Bilden Sie die entsprechenden Nomen.

a) belegen ______________________________
b) nachweisen ______________________________
c) untersuchen ______________________________
d) forschen ______________________________
e) analysieren ______________________________
f) rekonstruieren ______________________________

1.2 Strukturen: Übersicht

1.2.1 Kausalsatz und Kausalangabe (weil/da; wegen)

Die folgende Übersicht veranschaulicht, wie man den Grund einer Handlung bzw. eines Vorgangs oder Zustands ausdrücken kann.

Kausalangabe *(aufgrund/wegen/angesichts/infolge* + Gen., ***aus/vor*** + Dat.)	**Kausaler Nebensatz** *(da/weil)*
Aufgrund/wegen/angesichts einer gemeinsamen Ursprache gelten Deutsch und Russisch als verwandt.	Deutsch und Russisch gelten als verwandt, ***da/weil*** sie eine gemeinsame Ursprache haben.

Beispiele für ***aus*** und ***vor***:
aus Krankheitsgründen/Sicherheitsgründen geschlossen, ***vor*** Freude weinen

Weitere Ausdrucksmöglichkeiten (Verbindung von Hauptsätzen)
Der Gliedsatz, der den Grund zum Ausdruck bringt, ist jeweils *kursiv* gedruckt.

1) HS + *HS* (Hauptsatz + *Hauptsatz*) ***denn, nämlich***
Deutsch und Russisch gelten als verwandt, ***denn*** *sie haben eine gemeinsame Ursprache.*
Deutsch und Russisch gelten als verwandt, *sie haben* ***nämlich*** *eine gemeinsame Ursprache.*

Der Gliedsatz mit *denn/nämlich* kann nicht vorangestellt werden.
Nämlich steht im Satz nach dem konjugierten Verb bzw. nach dem Verb und den Pronomen (Reflexivpronomen, Pronomen für Subjekt, Objekt).

... heute fahren wir ***nämlich*** nach Hause; ... er gab mir ***nämlich*** einen Rat;
... hier gibt es ***nämlich*** viele Menschen, ... ich erinnere mich ***nämlich*** an dieses Ereignis

2) *HS* + HS ***deshalb, deswegen, daher***
Deutsch und Russisch haben eine gemeinsame Ursprache; ***deshalb*** gelten sie als verwandt/sie gelten ***deshalb*** als verwandt.

Der Gliedsatz mit *deswegen/deshalb* folgt immer dem Satzteil, der den Grund ausdrückt. Wenn die beiden Gliedsätze das gleiche Subjekt haben, ist es oft (und besonders bei der Verbindung zweier Hauptsätze) sinnvoll, das Subjekt oder Objekt im ersten Gliedsatz in nominaler Form („Deutsch und Russisch“) und im folgenden Gliedsatz in pronominaler Form („sie“) auszudrücken.

Deutsch und Russisch gelten als verwandt, ***denn*** sie haben ...
Deutsch und Russisch haben eine gemeinsame Ursprache; ***deswegen*** gelten sie ...

3) Uneingeleiteter Kausalsatz (nachgestellt, Signal: ***doch***)
Deutsch und Russisch gelten als verwandt, *haben sie* ***doch*** *eine gemeinsame Ursprache.*

1.2.2 Konzessivsatz und Konzessivangabe (obwohl; trotz)

Ein Konzessivsatz drückt einen Sachverhalt aus, der im Widerspruch zur Hauptsatzhandlung steht („Gegengrund“).

Konzessivangabe (***trotz/ungeachtet*** + Gen., Dat. + *zum Trotz*)	**Konzessiver Nebensatz** [***obwohl (obgleich/obschon)***]
Trotz/ungeachtet fehlender schriftlicher Belege dieser indogermanischen Ursprache besitzen wir relativ zuverlässige Informationen über ihre Beschaffenheit.	***Obwohl*** schriftliche Belege dieser indogermanischen Ursprache nicht vorliegen, besitzen wir relativ zuverlässige Informationen über ihre Beschaffenheit.

Weitere Ausdrucksmöglichkeiten (Verbindung von Hauptsätzen)

Der Gliedsatz, der den „Gegengrund“ ausdrückt, ist jeweils *kursiv* gedruckt.

HS + HS ***trotzdem, dennoch***
Schriftliche Belege dieser indogermanischen Ursprache liegen nicht vor; ***trotzdem/dennoch*** besitzen wir relativ zuverlässige Informationen über ihre Beschaffenheit/wir besitzen ***trotzdem/dennoch*** ...

HS + HS ***aber, doch, zwar ... aber/doch***
Schriftliche Belege dieser indogermanischen Ursprache liegen ***zwar*** *nicht vor,* ***aber*** wir besitzen relativ zuverlässige Informationen über ihre Beschaffenheit/wir besitzen ***aber*** ...

1.2.3 Temporalsatz und Temporalangabe (nachdem/bevor; nach/vor)

Es folgt eine Übersicht der wichtigsten temporalen Angaben und Nebensätze.

Temporalangabe (***nach, vor*** + Dat. ...)	**Temporaler Nebensatz** (***nachdem, bevor...***)
Nach der Entdeckung dieser Ursprache versuchte man...	***Nachdem*** man diese Ursprache entdeckt hatte, versuchte man ...[1)] (***Nachdem*** diese Ursprache entdeckt worden war, versuchte man ...)
Vor dem Nachweis der Ursprache wusste man nicht...	***Bevor*** man die Ursprache nachwies, ... (***Bevor*** die Ursprache nachgewiesen wurde, ...)
Bis zum ersten Beweis der Sprachverwandtschaft musste man ...	***Bis*** die Sprachverwandtschaft zum ersten Mal bewiesen wurde, musste man ...
Während der Übersetzung des Texts verließ sich der Autor nur auf die eigene Sprachkompetenz.	***Während*** er den Text übersetzte, verließ sich der Autor nur auf ...

Mit/Sofort nach dem Erscheinen des Buchs begann die Diskussion ...	***Sobald*** das Buch erschienen war, begann die Diskussion ...
Seit der wissenschaftlichen Beschäftigung mit der Sprache fragt man sich ...	***Seitdem*** man sich mit der Sprache wissenschaftlich beschäftigt, fragt man sich ...
Bei der Untersuchung der Sprachgeschichte stellt sich immer wieder die Frage ...	***Wenn*** man die Sprachgeschichte untersucht, stellt sich immer wieder ...[2]
Bei der Entdeckung der Verwandtschaft dieser Sprachen stellte man auch fest, dass ...	***Als*** die Verwandtschaft dieser Sprachen entdeckt wurde, stellte man auch fest, dass ...

[1] Zeitenfolge bei Temporalsätzen mit dem Konnektor ***nachdem***:

Hauptsatz: Präteritum, Nebensatz: Plusquamperfekt
Hauptsatz: Präsens, Nebensatz: Perfekt

[2] ***bei → wenn, als***
Verbalisierung der mit ***bei*** eingeleiteten Präpositionalausdrücke:
- wiederholte Handlungen: Konnektor ***wenn*** (Signale: *immer wenn, oft...*)
- einmalige, in der Vergangenheit abgeschlossene Handlungen: Konnektor ***als***

– nach

Um Fehler zu vermeiden, ist es besonders wichtig, bei der Nominalisierung bzw. Verbalisierung auf den Inhalt des Satzes und den Kontext zu achten.
Beispiel: Ein mit ***nach*** eingeleiteter präpositionaler Ausdruck entspricht nicht immer einem Temporalsatz:

1) ***Nach*** seiner Heirat ging er ins Ausland. → ***Nachdem*** er geheiratet hatte, ging er ... (Temporalsatz)
2) ***Nach*** dem Bericht des Forscherteams wird die Arbeitslosigkeit leicht ansteigen.
→ ***Wie*** das Forscherteam berichtet, wird die Arbeitslosigkeit leicht ansteigen.
(Referenzsatz, vgl. 3.2.3)
3) Wir müssen uns noch ***nach*** der Ankunft des Zuges erkundigen.
→ Wir müssen uns noch ***danach*** erkundigen, ***wann*** der Zug ankommt.
(sich erkundigen + nach, Indirekter Fragesatz, vgl. 4.2.3)

1.2.4 Passiv-Paraphrasen

können + **Passiv**	*müssen/sollen* + **Passiv**
Das Buch *konnte* leicht *übersetzt werden.*	Die Bücher *müssen* schnell *übersetzt werden.*
Das Buch *konnte man* leicht *übersetzen.*	Die Bücher *muss man* schnell *übersetzen.*
Das Buch *war* leicht *zu übersetzen.*	Die Bücher *sind* schnell *zu übersetzen.*
Das Buch *ließ sich* leicht *übersetzen.*	
Das Buch *war* leicht *übersetzbar.*[1)]	

1) Adjektive auf *-bar* und *-lich* (z. B. *machbar* = kann gemacht werden, *essbar* = kann gegessen werden, *lesbar, lieferbar, tragbar, verständlich, verdaulich, unwiderruflich, erhältlich*) können nicht von allen Verben abgeleitet werden.

Die Bildung der Passiv-Paraphrasen setzt die Vertrautheit mit den Passiv-Formen für verschiedene Tempora voraus. Die folgende kurze Übersicht für Präsens (A), Präteritum (B), Perfekt (C) und Plusquamperfekt (D) soll das Lösen der Aufgaben (1.3) erleichtern.

A Man **übersetzt** den Text. → Der Text **wird übersetzt.**
Man **kann** den Text **übersetzen**. → Der Text **kann übersetzt werden**.

B Man **übersetzte** den Text → Der Text **wurde übersetzt.**
Man **konnte** den Text übersetzten. → Der Text **konnte übersetzt werden.**

C Man **hat** den Text **übersetzt.** → Der Text **ist übersetzt worden.**
Man **hat** den Text **übersetzen können.** → Der Text **hat übersetzt werden können.**

D Man **hatte** den Text **übersetzt.** → Der Text **war übersetzt worden.**
Man **hatte** den Text **übersetzen können**.→ Der Text **hatte übersetzt werden können.**

Bei der Bildung der Passiv-Paraphrasen ist auf zweierlei zu achten:
- auf die gebrauchten Zeiten und Modi
  Der Text **konnte** ... (Prät., Indikativ) Der Text **könnte** ... (Präs., Konjunktiv)
- auf die Kongruenz (Übereinstimmung) zwischen Subjekt und Prädikat
  Der Text konnt**e**...(Subjekt im Sg.) Die Texte konnte**n** ... (Subjekt im Pl.)

Ob ein Satz mit ***Infinitiv* + *zu*** Möglichkeit (*können*), Notwendigkeit (*müssen*), Auftrag (*sollen*) oder Verbot (*nicht dürfen*) ausdrückt, kann man aufgrund des Kontexts und der Bedeutung der einzelnen Wörter erkennen.

Bestimmte Adverbien können dabei hilfreich sein:
Der Text ist *leicht (schwer/mühelos/problemlos/kaum)* zu übersetzen.
→ Der Text **kann** *leicht* übersetzt werden.

Der Text ist *dringend (genau/schnellstens/auf jeden Fall/bis morgen)* zu übersetzen.
→ Der Text **muss** *dringend* übersetzt werden.

Das Fenster ist während der Fahrt *auf keinen Fall* zu öffnen.
→ Das Fenster **darf** während der Fahrt *auf keinen Fall* geöffnet werden.

1.3 Strukturen: Aufgaben

Formulieren Sie die folgenden Sätze um, ohne ihren Sinn zu verändern.

1. Ein wissenschaftliches Interesse für die Sprache als primäres Untersuchungsobjekt lässt sich in der Antike kaum feststellen, die Philologen der Antike beschäftigten sich nämlich hauptsächlich mit Literaturdenkmälern und mit der Sprache berühmter Autoren. (s. 1.2.1)
   (denn) → *Ein wissenschaftliches Interesse für die Sprache als primäres Untersuchungsobjekt lässt sich in der Antike kaum feststellen, denn …*

   (daher) →

   (da) →

2. Ein wissenschaftliches Interesse für die Sprache als primäres Untersuchungsobjekt lässt sich in der Antike kaum feststellen. (s. 1.2.4)
   →

3. Der Begriff *Philologie* ist zwar schwer zu definieren, doch stark vereinfachend kann man als Forschungsschwerpunkt der Philologie die Literaturtradition bezeichnen. (s. 1.2.2)
   (obwohl) →

   (trotzdem) →

4. Der Begriff *Philologie* ist zwar schwer zu definieren, doch stark vereinfachend kann man als Forschungsschwerpunkt der Philologie die Literaturtradition bezeichnen. (s. 1.2.4)
   →

5. Vor der Beantwortung dieser Frage ist eine wichtige Unterscheidung zu treffen, und zwar die zwischen der Sprachwissenschaft im eigentlichen Sinne und der Philologie. (s. 1.2.3)
   →

6. Einen wissenschaftlichen Charakter bekommt die historisch-vergleichende Sprachwissenschaft vor allem dank den Leistungen von Franz Bopp und Rasmus Rask, denn sie erbringen zahlreiche wissenschaftliche Nachweise dafür, dass die o. g. Sprachen verwandt sind. (s. 1.2.1)
   (da) →

   (nämlich) →

7. Es wurde nachgewiesen, dass diese Sprachen verwandt sind und auf eine gemeinsame Ursprache zurückgeführt werden können. (s. 1.2.4)

   →

8. Nach dem Nachweis einer gemeinsamen Ursprache versuchte man in Zusammenarbeit mit der Archäologie das Ursprungsgebiet der Indogermanen herauszufinden. (s. 1.2.3)

   →

9. Diese Urheimat der meisten europäischen Sprachen ist uns allerdings bis heute nicht bekannt, da keine der zahlreichen Hypothesen darüber, wo sie sich befand, allgemein akzeptiert ist. (s. 1.2.1)

   (deswegen) →

10. Türkisch oder Ungarisch gelten als nicht-indogermanische Sprachen, denn sie gehören zu ganz anderen Sprachfamilien. (s. 1.2.1)

    (aufgrund) →

11. Die historisch-vergleichende Sprachwissenschaft hat zwar zu vielen wertvollen wissenschaftlichen Einsichten geführt, doch heute steht ihre vergangenheitsorientierte Sichtweise nicht mehr im Mittelpunkt. (s. 1.2.2)

    (trotz) →

    (obwohl) →

12. Vielmehr ist in den letzten Jahrzehnten eine klare Präferenz für die Erforschung der Gegenwartssprache erkennbar. (s. 1.2.4)

    →

13. Aufgrund seiner langen Geschichte ist der von den alten Griechen geprägte Begriff *Philologie* schwer zu definieren. (s. 1.2.1 und 1.2.4)

    →

14. So wird z. B. in der zweiten Hälfte des 18. Jhs. von dem Engländer William Jones die Hypothese aufgestellt, dass zwischen dem Lateinischen, Griechischen, Persischen, Keltischen usw. und dem Sanskrit (dem Altindischen) Ähnlichkeiten bestehen. Dieser Gedanke wird u. a. von Friedrich Schlegel in seinem Buch „Über die Sprache und Weisheit der Inder“ aufgenommen. (Passiv → Aktiv)

    →

2 Aphasie

[1] In den letzten Jahrzehnten ist ein wachsendes Interesse der Linguisten an den neurologischen Prozessen festzustellen, die das Sprechen und Verstehen von Sprache steuern. Das fachübergreifende Forschungsgebiet, welches sich mit der Sprachverarbeitung im Gehirn beschäftigt, bezeichnet man als *Neurolinguistik*. Im Rahmen dieser Wissenschaftsdisziplin werden vor allem Störungen der Sprachproduktion und des Sprachverstehens untersucht, die auf Schädigungen des zentralen Nervensystems zurückgehen.

[2] Ihren Anfang nimmt die Neurolinguistik in den neurologischen Forschungen des französischen Chirurgen Paul Broca und des deutschen Neurologen Carl Wernicke, die an sprachlichen Störungen (Aphasie) leidende Patienten beobachteten. Durch Erforschung der Zusammenhänge zwischen dem Ort eines (z. B. unfall- oder hirnschlagbedingten) Gehirnschadens und der Art der sprachlichen Störung hat Broca 1861 Folgendes nachgewiesen: Schädigungen im Bereich des linken Stirnlappens führen zu einem motorischen Sprachversagen. Liegt die sog. motorische Aphasie (auch Broca-Aphasie genannt) vor, so kann der Patient nicht geordnet artikulieren und beschränkt sich auf die Inhaltswörter (Nomen, Verben), ohne sie ausreichend grammatisch zu markieren. In diesem Fall spricht man vom „Agrammatismus". Ein Broca-Aphasiker spricht oft langsam und mit Mühe – oder einfach undeutlich, denn je häufiger Deklinations- und Konjugationsfehler auftreten und Funktionswörter (Artikel, Präpositionen, Konjunktionen) weggelassen werden, desto unverständlicher ist der Redezusammenhang.

[3] 1874, d. h. genau dreizehn Jahre nach der Entdeckung der motorischen Aphasie durch Broca, lieferte der deutsche Neurologe Wernicke die Beschreibung der sog. sensorischen Aphasie. Diese ist durch die Störungen einer anderen Hirnregion zu erklären: Sie tritt auf, wenn die obere Windung des linken Schläfenlappens geschädigt ist. Während die Sprache der Broca-Aphasiker grundsätzlich unflüssig ist, sind die Wernicke-Aphasiker in der Lage, relativ flüssig zu artikulieren. Was bei der Wernicke-Aphasie eher Schwierigkeiten bereitet, ist die Wahl von Wörtern. Um einen Sachverhalt darzustellen, wählt der Patient oft Wörter, die zwar zu derselben grammatischen Kategorie (z. B. Nomen/Adjektiv) gehören, die jedoch nur in einer bedeutungs- oder lautähnlichen Relation zum Zielwort stehen: Statt *Pferd* produziert der Patient etwa das bedeutungsähnliche *Hund* bzw. das lautähnliche *Pfau* oder *Pfennig*.

[4] Im Falle der Broca-Aphasie kann der Patient fast immer Fragen beantworten, ohne unlogische oder „sinnlose" Inhalte hervorzubringen, sein Sprachverständnis ist also nicht im gleichen Maße gestört wie seine Sprachproduktion. Im Vergleich zur vor allem sprachproduktionsrelevanten Broca-Aphasie hemmt die Wernicke-Aphasie viel stärker das *Verständnis* der Sprache: Der Betroffene ist oft unfähig, gesprochene Wörter richtig zu identifizieren und logisch zu verarbeiten, so dass ihm die eigene Muttersprache wie eine Fremdsprache vorkommen kann.

[5] Neuere neurobiologische und neurolinguistische Forschungen haben einige Thesen von Broca und Wernicke modifiziert. So sind die unter Broca-Aphasie bekannten Sprachprobleme nach einigen Autoren vor allem dann zu erwarten, wenn Störungen im Versorgungsgebiet der sog. *aorta praeolandica* auftreten, so dass die Broca-Aphasie als ein typisches Gefäßsyndrom angesehen wird. Die neuen neurolinguistischen

Erkenntnisse mindern jedoch in keiner Weise die Bedeutung der Pionierleistungen, die Broca und Wernicke auf diesem Gebiet erbracht haben.

2.1 Leseverstehen und Wortschatz

felgen aus

1. Welche Ursachen haben die Sprachstörungen, die im Rahmen der Neurolinguistik untersucht werden? (1 Satz)

   Gehirnschäden. Shädigun des Zen

2. Was kann Gehirnschäden verursachen, die für die beschriebenen Sprachstörungen verantwortlich sind? (1 Satz)

   Hirschlag

3. Ergänzen Sie die Tabelle durch Stichwörter (nach Möglichkeit in nominalisierter Form).

Broca-Aphasie:	**Wernicke-Aphasie:**
motorisch	*sensorisch*
Ursache: *Schädigungen im Bereich des linken Stirnlappens*	Ursache: ~~die Störungen einer anderen Hiregion~~. Schädigugen im obere Windung des linken Schläfenlappens

4. Ordnen Sie die folgenden Symptome der Broca-Aphasie bzw. der Wernicke-Aphasie zu:

   a) ungrammatische Konstruktionen
   b) unlogische bzw. „sinnlose" Sprache
   c) fehlerhafte Verbkonjugation
   d) gestörtes Sprachverständnis
   e) langsames Sprechen
   f) Deklinationsfehler
   g) fehlende Konjunktionen
   h) falsche Wortwahl

   Broca-Aphasie: a. c. e. f. g

   Wernicke-Aphasie: b. d. h.

5. Warum sprechen die Personen, die an der Broca-Aphasie leiden, oft undeutlich? (1 Satz)

   Sie beschrankt sich auf die Inhaltswörter und ~~können~~ machen viele Fehlen im Grammatik.

6. Welcher Fachbegriff wird im 2. Abschnitt dem Terminus „Inhaltswörter" entgegengesetzt?

   Funktionswörter

7. Welche Beispiele veranschaulichen die Produktion bedeutungs- und lautähnlicher Relationen bei der Wernicke-Aphasie?

   bedeutungsähnliche Relation: besteht zwischen Pferd und Hund

   lautähnliche Relation: besteht zwischen Pfau und Pfennig.

8. Fassen Sie die Unterschiede zwischen der Broca-Aphasie und der Wernicke-Aphasie in drei bis vier Sätzen zusammen.

   B: motorischen Sprachversagen.

   W: sensorisch. Aphasie.

9. Die Broca-Aphasie wird im Abschnitt [4] als *sprachproduktionsrelevant* bezeichnet. Erklären Sie den Ausdruck in eigenen Worten.

10. Suchen Sie im 1. Abschnitt Synonyme für *interdisziplinär, erforschen* und *Sprachwissenschaftler.*

fachübergreifend   untersuchen   Linguisten

11. Wofür stehen die Abkürzungen *sog.* (2. und 3. Abschnitt) und *d. h.* (3. Abschnitt)?

sog   so genannt   das heißt

12. Formulieren Sie den letzten Satz des ersten Abschnitts neu, indem Sie statt *zurückgehen auf* („die *auf* Schädigungen des zentralen Nervensystems *zurückgehen*") andere Verben oder Wendungen zum Ausdruck der Kausalität benutzen (z. B. *verursachen/auslösen/hervorrufen* + Akk.)

die durch Schädigungen des zentralen Nervensystems hervorruft wird...

2.2 Strukturen: Übersicht

2.2.1 Konditionalsatz und Konditionalangabe (wenn/falls; bei)

Der Konditionalsatz drückt die Bedingung (Kondition) einer Handlung bzw. eines Vorgangs oder Zustands aus.

Konditionalangabe (***bei/mit*** + Dat., ***im Falle*** + Gen., ***ohne*** + Akk. ...)	**Konditionaler Nebensatz** (***wenn/falls***)
Beim Auftreten von Störungen in diesem Gehirnareal muss man mit Sprachproblemen rechnen. ***Im Falle*** des Auftretens von Störungen ...	***Wenn/Falls*** in diesem Gehirnareal Störungen auftreten, muss man mit Sprachproblemen rechnen.
(Nur mit) ***Mit*** Hilfe von Spezialisten können wir Sprachstörungen dieser Art bekämpfen.	*(Nur wenn)* ***Wenn*** uns Spezialisten helfen, können wir Sprachstörungen dieser Art bekämpfen.
Ohne Hilfe von Spezialisten können wir Sprachstörungen dieser Art nicht bekämpfen.	***Wenn*** uns Spezialisten *nicht* helfen, können wir Sprachstörungen dieser Art nicht bekämpfen. Wir können Sprachstörungen dieser Art nicht bekämpfen, *außer* ***wenn*** uns Spezialisten helfen. Wir können Sprachstörungen dieser Art nicht bekämpfen, *es sei denn, dass* uns Spezialisten helfen. (HS: ..., *es sei denn*, Spezialisten helfen uns)

Irrealer Konditionalsatz für die Gegenwart (1) und für die Vergangenheit (2)

Mit etwas mehr Aufmerksamkeit könnten die Lehrer diese Sprachstörung rechtzeitig erkennen. (1)	***Wenn*** die Lehrer etwas aufmerksamer wären, könnten sie diese Sprachstörung rechtzeitig erkennen.
Mit etwas mehr Aufmerksamkeit hätten die Lehrer diese Sprachstörung rechtzeitig erkannt. (2)	***Wenn*** die Lehrer etwas aufmerksamer gewesen wären, hätten sie diese Sprachstörung rechtzeitig erkannt.

Weitere Sprachmittel zum Ausdruck einer konditionalen Beziehung

Uneingeleiteter Konditionalsatz (konjugiertes Verb in Erstposition)

Wenn in diesem Gehirnareal Störungen auftreten, muss man mit Sprachproblemen rechnen.
→ Treten in diesem Gehirnareal Störungen auf, muss man...

Falls sich der Zustand des Patienten verschlechtert, werde ich sofort anrufen.
→ Sollte sich der Zustand des Patienten verschlechtern, werde ich sofort anrufen.

Verbindung von Hauptsätzen (***dann, sonst, andernfalls***): Die Bedingung ist *kursiv* gedruckt.

Konditionaler NS:
Wenn *uns die Spezialisten helfen*, können wir Sprachstörungen dieser Art bekämpfen.

HS + HS:
Die Spezialisten müssen uns helfen, ***dann*** können wir Sprachstörungen dieser Art bekämpfen.
Die Spezialisten müssen uns helfen, ***sonst/andernfalls*** können wir Sprachstörungen dieser Art nicht bekämpfen.

Proportionalsatz (***je ... desto/umso***)
Der Proportionalsatz wird in den Grammatiken entweder als ein eigener Nebensatztyp oder als eine Unterart des Konditional- oder Modalsatzes (s. 2.2.2) behandelt. Oft hat er zugleich eine modale und eine konditionale Nebenbedeutung. Bei dem Proportionalsatz bedingt ein Sachverhalt (z. B. viel lernen) einen anderen (z. B. gute Noten bekommen) in folgender Weise:

viel lernen → gute Noten; noch mehr lernen → noch bessere Noten
Je mehr ich lerne, umso bessere Noten bekomme ich.

Konditionalsatz	Proportionalsatz
Wenn man viele Grammatikfehler macht, werden die Beziehungen zwischen Satzelementen undeutlich.	***Je*** mehr Grammatikfehler man macht, ***desto*** undeutlicher werden die Beziehungen zwischen Satzelementen.
Wenn Funktionswörter häufig weggelassen werden, wird die Sprache unverständlich.	***Je*** häufiger Funktionswörter weggelassen werden, ***desto*** unverständlicher wird die Sprache.

Nominalisierung
Der mit ***je*** eingeleitete Gliedsatz ist der Nebensatz (Verb in Endposition). Er lässt sich z. B. wie folgt nominalisieren:

mit + *zunehmend/wachsend/steigend/abnehmend/sinkend* + Nomen
Mit zunehmenden Grammatikfehlern wird die Sprache undeutlicher.

2.2.2 Modalsatz und Modalangabe (indem/dadurch, dass; durch)

Der Modalsatz drückt aus, auf welche Art und Weise eine Handlung ausgeführt wird.

Modalangabe (***durch/ohne*** + Akk.)	**Modaler Nebensatz** (***indem/dadurch, dass/ohne dass***)
Durch den Einsatz dieser Therapie konnte man einige Sprachstörungen heilen.	***Indem*** diese Therapie eingesetzt wurde, konnte man einige Sprachstörungen heilen.[1)] (***Indem*** man diese Therapie einsetzte, konnte man ...)
Durch rechtzeitiges Erkennen konnte die Störung erfolgreich beseitigt werden.	***Dadurch, dass*** die Störung rechtzeitig erkannt wurde, konnte sie erfolgreich beseitigt werden.[2)] (***Dadurch, dass*** man die Störung rechtzeitig erkannte, konnte sie ...)
Im Falle der Broca-Aphasie kann der Patient fast immer ***ohne*** Hervorbringen unlogischer oder „sinnloser“ Inhalte Fragen beantworten.	***ohne ... zu*** Im Falle der Broca-Aphasie kann der Patient fast immer Fragen beantworten, ***ohne*** unlogische oder „sinnlose“ Inhalte hervor***zu***bringen.[3)]

[1)] ***Indem*** kann nur bei identischen Subjekten im HS und NS oder bei unbestimmten Subjekten (z. B. man, Passiv, passivähnliche Konstruktionen) benutzt werden.

[2)] ***Indem*** besitzt eine instrumentale Bedeutungskomponente (Angabe des Mittels/Instruments bzw. der Vorgehensweise; vorheriger Satz: *Einsatz dieser Therapie*) und ***dadurch, dass*** eine kausale (Grund).

[3)] ***Ohne ... zu*** wird bei gleichen Subjekten im HS und NS bevorzugt. Bei unterschiedlichen Subjekten im HS und NS wird ***ohne dass*** verwendet.

2.2.3 Konsekutivsatz und Konsekutivangabe (so dass)

Der Konsekutivsatz drückt die Folge (Konsequenz) einer Handlung aus.
Konsekutive Angaben kommen meistens nur in formelhaften Wendungen vor, und zwar oft, um emotionale Reaktionen der Betroffenen auf bestimmte Handlungen und Ereignisse auszudrücken (Freude, Überraschung, Verblüffung, Enttäuschung...).

Konsekutivangabe	**Konsekutiver Nebensatz** (***so dass, so/derart/dermaßen ..., dass***)
Zu unserer großen Überraschung/Freude traten die Sprachstörungen seit dieser Behandlung nicht mehr auf.	Die Sprachstörungen traten seit dieser Behandlung nicht mehr auf, ***so dass*** wir sehr überrascht/erfreut waren.

以致于.

Weitere Ausdrucksmöglichkeiten: Die Folge (Konsequenz) ist *kursiv* gedruckt.

Konsekutiver Nebensatz (***so dass, so/derart/dermaßen ..., dass***)	**Verbindung von Hauptsätzen** (***folglich/infolgedessen/also***)
Der Patient hat Schwierigkeiten mit der Wahl von Wörtern, ***so dass*** *seine Rede oft unverständlich wirkt.*	Der Patient hat Schwierigkeiten mit der Wahl von Wörtern, ***folglich/infolgedessen*** *wirkt seine Rede oft unverständlich. (..., seine Rede wirkt* ***also****...)*

Konsekutiver Nebensatz (***zu ..., als dass*** + Konjunktiv II)	**Infinitivkonstruktion** (***zu viel/wenig/oft ..., um ... zu***)
Der Patient hat ***zu*** viele Schwierigkeiten mit der Wahl von Wörtern, ***als dass*** *er sich verständlich ausdrücken könnte.*	Der Patient hat ***zu*** viele Schwierigkeiten mit der Wahl von Wörtern, ***um*** *sich verständlich ausdrücken* ***zu*** *können.*

2.2.4 Adversativsatz und Adversativangabe (während; im Unterschied zu)

Der Adversativsatz drückt einen Gegensatz (Kontrast) aus.

Adversativangabe *(im Unterschied/Gegensatz/ Vergleich zu, statt)*	**Adversativer Nebensatz** (*während/(an)statt dass/ (an)statt ... zu*)
Im Gegensatz zur unflüssigen Sprache der Broca-Aphasiker sind die Wernicke-Aphasiker in der Lage, relativ flüssig zu artikulieren.	***Während*** die Sprache der Broca-Aphasiker unflüssig ist, sind die Wernicke-Aphasiker in der Lage, relativ flüssig zu artikulieren.
Negativer Adversativsatz: ***Statt*** *Pferd* produziert der Patient etwa das bedeutungsähnliche *Hund* bzw. das lautähnliche *Pfau* oder *Pfennig*.	***Statt*** *Pferd* ***zu*** sagen, produziert der Patient ... .[1]

[1] (an)statt ... zu: gleiche Subjekte im HS und NS

Weitere Ausdrucksmöglichkeiten

Adversativer Nebensatz ***(während)***	**Verbindung von Hauptsätzen** (***hingegen/dagegen/demgegenüber/aber/doch/jedoch***)
Während die Sprache der Broca-Aphasiker unflüssig ist, sind die Wernicke-Aphasiker in der Lage, relativ flüssig zu artikulieren.	Die Sprache der Broca-Aphasiker ist unflüssig, die Wernicke-Aphasiker sind ***dagegen*** in der Lage, relativ flüssig zu artikulieren.

2.3 Strukturen: Aufgaben

Transformieren Sie die folgenden Sätze, ohne ihren Sinn zu verändern.

1. Liegt die so genannte motorische Aphasie vor, so kann die betroffene Person nicht geordnet artikulieren. (s. 2.2.1)
   → Wenn die so genannte motorische Aphasie vorliegt, so kan

2. Ein Broca-Aphasiker spricht oft langsam und mit Mühe – oder einfach undeutlich, denn je häufiger Deklinations- und Konjugationsfehler auftreten, desto unverständlicher ist der Redezusammenhang. (Nominalisierung) (s. 2.2.1)
   → ~~je nach~~ mit häufigen D
   (1) mit zunehmenden D und K, ~~wird~~ ist
   (2). Wenn D und K häufiger auftreten

3. Durch Erforschung der Zusammenhänge zwischen dem *Ort* eines Gehirnschadens und der *Art* der sprachlichen Störung hat Broca schon 1861 bahnbrechende wissenschaftliche Ergebnisse erzielt. (s. 2.2.2)
   → Dadurch, dass die Zusammenhänge erforscht ~~wird~~ wurde.

4. Sensorische Aphasie tritt auf, wenn die obere Windung des linken Schläfenlappens geschädigt ist. (s. 2.2.1)
   → *Ist …* die obere Windung des linken Schläfenlappens geschädigt
   → *Bei …* Schädigung der oberen Windung des linken Schläfenlappens

5. Im Unterschied zu der durch Stirnlappen-Störungen verursachten Broca-Aphasie geht die Wernicke-Aphasie auf Schläfenlappen-Störungen zurück. (s. 2.2.4)
   → ~~Im Unterschied zu der Broca-Aphasie, die veru~~ S-S
   Während . verursacht wird,

6. Der Patient kann nicht geordnet artikulieren und beschränkt sich auf die Inhaltswörter, ohne sie ausreichend grammatisch zu markieren. (s. 2.2.2)
   → ~~ohne dass~~ .
   Wenn sie nicht ausreichend grammatisch markiert.

7. Im Vergleich zur vor allem sprachproduktionsrelevanten Broca-Aphasie hemmt die Wernicke-Aphasie viel stärker das Verständnis der Sprache. (s. 2.2.4)

→ Während die B-A vor allem sprachpurduktionsrelevant ist

8. So sind die unter Broca-Aphasie bekannten Sprachprobleme nach einigen Autoren vor allem dann zu erwarten, wenn Störungen im Versorgungsgebiet der sog. *aorta praeolandica* auftreten. (Nominalisierung, s. 2.2.1)

→ Beim Auftreten ~~der~~ von Störungen im Versorgungsgebiet

9. In den letzten Jahrzehnten ist ein wachsendes Interesse der Linguisten an den neurologischen Prozessen festzustellen, die das Sprechen und Verstehen von Sprache steuern.

→ kann man festgestellten ~~werden~~.

10. 1874, d. h. genau dreizehn Jahre nach der Entdeckung der motorischen Aphasie durch Broca, lieferte der deutsche Neurologe Wernicke die Beschreibung der so genannten sensorischen Aphasie.

→ ~~nachdem die motorische Aphasie Broca entdeckt~~

Nachdem Broca die motorische Aphasie entdeckt hatte.

11. Diese ist durch die Störungen einer anderen Hirnregion zu erklären.

→ Diese kann man durch erklären.

Dises lässt sich durch erklären

12. Der Patient wählt oft Wörter, die zwar zu derselben grammatischen Kategorie gehören, die jedoch nur in einer bedeutungs- oder lautähnlichen Relation zum Zielwort stehen.

→ *Der Patient wählt oft Wörter, die trotz …*

13. Der Betroffene ist oft unfähig, gesprochene Wörter richtig zu identifizieren und logisch zu verarbeiten, so dass ihm die eigene Muttersprache wie eine Fremdsprache vorkommen kann.

→ infolgedessen kann ihm die eigene … vorkommen

3 Angeborene und erlernte Handlungen

[1] Warum zuckt die Hand von der heißen Herdplatte zurück? Aus welchem Grund schließen sich die Augenlider, wenn ein Gegenstand auf die Augen zusteuert? Wie lässt sich die Verengung der Pupillen bei zu starkem Licht erklären?

[2] Bei diesen Verhaltensweisen handelt es sich um Reflexe – einfache Reaktionen auf einen Reiz (Auslöser), die immer auf die gleiche Art und Weise ablaufen und von unserem Willen nur begrenzt steuerbar sind.

[3] Viele Reflexe haben eine wichtige Schutzfunktion. So aktiviert der Körper bei Schmerzreiz die rasche und unwillkürliche Reaktion des Zurückziehens, um die jeweils betroffene Extremität vor Verletzungen zu schützen. Das blitzschnelle Schließen von Augenlidern zur Bewahrung der Augen stellt einen weiteren schützenden Reflex dar. Reflexe ermöglichen es also Menschen sowie Tieren, ohne Zeitverlust auf verschiedene Umweltsituationen zu reagieren.

[4] Neben den erwähnten Rückzieh-, Lidschluss- und Pupillenreflexen gibt es auch viele andere Reflexarten, z. B. Nies-, Husten-, Brech- und Kniesehnenreflexe. Handlungen dieser Art muss sich ein Kind – etwa im Unterschied zu Fertigkeiten wie Schreiben oder Lesen – nicht aneignen: Es handelt sich nämlich um angeborene Verhaltensweisen, die in unseren Genen festgelegt sind. Dazu zählen neben den genannten Reflexhandlungen, die man auch unbedingte Reflexe nennt, auch Automatismen und Instinkthandlungen.

[5] Zu den Automatismen gehört z. B. die Fähigkeit, die Beinbewegungen beim Laufen zu koordinieren. Sie unterscheiden sich zwar von Reflexen dadurch, dass sie im Laufe der Entwicklung ausreifen müssen, doch sie sind gleichfalls als angeboren zu betrachten.

[6] Im Gegensatz zu Reflexen handelt es sich bei den Instinkthandlungen um Verhaltensweisen höherer Komplexität, die aus mehreren angeborenen Handlungen zusammengesetzt sind. Typische Beispiele dafür sind Nahrungs- und Partnersuche. Das Verhalten bei diesen Handlungen kann zwar bis zu einem gewissen Grad durch das Lernen beeinflusst bzw. gesteuert werden, doch grundsätzlich verlaufen sie bei jeder Tierart nach einem spezifischen, genetisch vorgegebenen Programm. Ein Instinktverhalten muss genauso wie ein Reflex einen Auslöser haben; so stellt z. B. das Hungergefühl den typischen Reiz für die Nahrungssuche und -aufnahme dar.

[7] Allerdings sind nicht alle Typen von Reflexen von Geburt an vorhanden. Laut Verhaltensbiologen gibt es neben den o. g. unbedingten Reflexen auch noch bedingte Reflexhandlungen, die nicht genetisch vorprogrammiert sind. Wie die Experimente des russischen Medizinnobelpreisträgers von 1904 Iwan Petrowitsch Pawlow gezeigt haben, können bestimmte Reflexe durch Lernen erworben werden. Immer wenn seine Laborhunde gefüttert wurden, ließ der berühmte Physiologe eine Glocke läuten. Nach einer bestimmten Zeit begannen sie, Verdauungssekrete (Speichel) zu produzieren, sobald sie den Glockenton hörten, also selbst dann, wenn sie kein Futter vorgesetzt bekamen. Den Versuchsergebnissen Pawlows zufolge war bei ihnen also ein Lerneffekt eingetreten: Die Tiere fingen an, den Glockenton und die Fütterung miteinander zu assoziieren, d. h. ähnlich wie zuvor das Futter löste nun der Glockenton eine physiologische Reaktion aus. Sie hatten einen Reflex erlernt.

3.1 Leseverstehen und Wortschatz

1. Beantworten Sie ausgehend von den Abschnitten 1 – 3 die folgenden Fragen in Stichpunkten (Nominalisierung).
   a) Beispiele für Reflexreaktionen: Rükzieh- Lidschluss Pupillen
   b) Eigenschaften der Reflexe: ~~unbedin~~ Autom Instinktha
   c) Funktion der Reflexe: Schutzfuktion der Verletzion.
2. Was versteht man unter angeborenen Handlungen? (2 – 3 Sätze)
   Die angeborenen Handlugen ~~Stellen~~ legen in Girn fest
   man muss erlernen.
   sie nicht
3. Erklären Sie an einem Beispiel den Zusammenhang zwischen Reizen und Instinkthandlungen. (1 – 2 Sätze)
4. Worauf bezieht sich „physiologische Reaktion" (Z. 42/43) im letzten Abschnitt?
5. Erläutern Sie den Unterschied zwischen den ~~bedingten~~ und den unbedingten Reflexen. (2 – 3 Sätze)
6. Ordnen Sie die folgenden Handlungen bzw. Verhaltensweisen zu:
   a) Husten, b) durch Glockentöne ausgelöste Speichelproduktion, c) Schreiben, d) Partnersuche, e) Pupillenreflex, f) Beinbewegungen beim Laufen

bedingte Reflexe	unbedingte Reflexe	Automatismen	Instinkthandlungen	erlernte Handlungen

7. Suchen Sie Synonyme im Text:
   Abschnitt [3]: a) schnell rascho.
   b) Schutz Bewahrung
   Abschnitt [4]: a) (eine Fertigkeit) erlernen aneignen
   Abschnitt [6]: a) in Genen festgelegt/vorprogrammiert (2)
   b) im Unterschied zu Im Gegensatz zu
   Abschnitt [7]: a) angeboren

3.2 Strukturen: Übersicht

3.2.1 Verweiswörter („Worauf bezieht sich ...?“)

Pronomen (*er, sie, es*) und Artikelwörter (*sein, ihr, dieser*) sowie bestimmte Adverbien (*dort, hier, da*) und Pronominaladverbien, (*darauf, daran*) können sich auf Wörter, Wortgruppen oder ganze Sätze beziehen, die entweder im vorausgehenden Text schon genannt wurden oder erst genannt werden sollen.
Sie sorgen für eine sinnvolle, zusammenhängende Textstruktur. Außerdem lassen sich durch ihren Einsatz Wiederholungen vermeiden.

> Beispiel: Worauf beziehen sich „dazu“ und „sie“?
> *Es handelt sich nämlich um angeborene Verhaltensweisen, die in unseren Genen festgelegt sind. Dazu zählen neben den genannten Reflexhandlungen auch Automatismen und Instinkthandlungen.*
> *Zu den Automatismen gehört z. B. die Fähigkeit, die Beinbewegungen beim Laufen zu koordinieren. Sie unterscheiden sich von Reflexen dadurch, dass sie im Laufe der Entwicklung ausreifen müssen.*
>
> Lösung: „Dazu“ bezieht sich auf „angeborene Verhaltensweisen“.
> (Wozu zählen Reflexhandlungen, Automatismen und Instinkthandlungen?
> Zu den angeborenen Verhaltensweisen.)
> „Sie“ bezieht sich auf „Automatismen“.
> Grammatisch gesehen kann das Personalpronomen „sie“ Nomen femininen Geschlechts und Nomen in Plural repräsentieren. Im gegebenen Kontext kann „sie“ jedoch nicht für „Fähigkeit“ stehen („unterscheiden“ verlangt ein Pluralsubjekt), und auch nicht für „Beinbewegungen“ (Kontext: Unterschied zwischen Automatismen und Reflexen).

Ähnlich kann man sich aus stilistischen Gründen oder zur Vermeidung von Wiederholungen auf bereits erwähnte Personen oder Gegenstände mit Hilfe verschiedener Ausdrücke beziehen.

> Beispiel: Worauf bezieht sich „der berühmte Physiologe“?
> *Wie die Experimente des russischen Medizinnobelpreisträgers von 1904 Iwan Petrowitsch Pawlow gezeigt haben, können bestimmte Reflexe durch Lernen erworben werden. Immer wenn seine Laborhunde gefüttert wurden, ließ der berühmte Physiologe eine Glocke läuten.*
>
> Lösung: „Der berühmte Physiologe“ bezieht sich auf Iwan Petrowitsch Pawlow.

3.2.2 Finalsatz und Finalangabe (damit; zu/zwecks)

Das Ziel einer Handlung kann durch finale Infinitivkonstruktionen mit *um ... zu*, Finalangaben und finale Nebensätze ausgedrückt werden.
Bei identischen Subjekten im Hauptsatz und Nebensatz werden die *damit*-Sätze meistens durch Infinitivkonstruktionen ersetzt.

Finalangabe (***zu*** + Dat., ***für*** + Akk., ***zwecks/mit dem Ziel/zum Zweck*** + Gen.)	**Finalsatz *(damit)*/ Infinitivkonstruktion *(um ... zu)***
So aktiviert der Körper bei Schmerzreiz die rasche und unwillkürliche Reaktion des Zurückziehens ***zum*** Schutz der jeweils betroffenen Extremität vor Verletzungen.	So aktiviert der Körper bei Schmerzreiz die rasche und unwillkürliche Reaktion des Zurückziehens, ***damit*** die jeweils betroffene Extremität vor Verletzungen geschützt wird. So aktiviert der Körper bei Schmerzreiz die rasche und unwillkürliche Reaktion des Zurückziehens, ***um*** die jeweils betroffene Extremität vor Verletzungen **zu** schützen. (Körper = Subjekt von „aktivieren" und „schützen")

3.2.3 Referenzsatz und Referenzangabe (wie; laut/nach)

Referenzsätze und Referenzangaben werden oft bei der Wiedergabe von Aussagen, Meinungen und Informationen benutzt. Mit ihrer Hilfe werden die Quellen jeweils angeführter Information angegeben (z. B. *Wie die Zeitschrift „GEO" berichtet ...*). Sie verleihen dem Text einen objektiveren Charakter und ermöglichen es dem Verfasser, sich von den wiedergegebenen Sachverhalten zu distanzieren.

Referenzangabe (***laut, nach*** (vorangestellt)/ ***zufolge*** (nachgestellt) + Dat.)	**Referenzsatz** (***wie***)
Den Versuchsergebnissen Pawlows ***zufolge*** war bei ihnen ein Lerneffekt eingetreten.	***Wie*** die Versuche Pawlows ergaben (Wie die Versuchsergebnisse Pawlows zeigten), war bei ihnen ein Lerneffekt eingetreten.

Weitere Ausdrucksmöglichkeiten:
Wie Pawlow feststellte, handelt es sich hierbei um erlernte Reflexe.

a) einleitender Hauptsatz:
   Pawlow stellte fest, dass es sich hierbei um erlernte Reflexe handelt.
b) eingeschobener Hauptsatz:
   Hierbei handelt es sich – so stellte Pawlow fest – um erlernte Reflexe.
c) verblose Ausdrücke (*so* + Informationsquelle):
   Hierbei handelt es sich – so Pawlow – um erlernte Reflexe.

3.3 Strukturen: Aufgaben

I Worauf beziehen sich die folgenden Wörter? (s. 3.2.1)

a) „die" (Z. 5) Reflexe.

b) „es" (Z. 11) Reflexe.

c) „dafür" (Z. 26) Instinkthandlungen.

d) „sie" (Z. 28)

e) „die Tiere" (Z. 41)

II Formulieren Sie die folgenden Sätze um, ohne ihren Sinn zu verändern.

1. Das blitzschnelle Schließen von Augenlidern zur Bewahrung der Augen stellt einen weiteren schützenden Reflex dar. (s. 3.2.2)
   Das blitzschnelle Schließen von Augenlidern, um der Augen zu bewahren.
   , stellt einen weiteren schützenden Reflex dar.

2. Laut Verhaltensbiologen gibt es neben den o.g. unbedingten Reflexen auch noch Reflexhandlungen, die nicht genetisch vorprogrammiert sind. (s. 3.2.3)
   → Verhaltensiologen zufolge ?
   Wie Verhaltensbiologen.

3. Wie die Experimente des russischen Medizinnobelpreisträgers von 1904 Iwan Petrowitsch Pawlow gezeigt haben, können bestimmte Reflexe durch Lernen erworben werden. (s. 3.2.3)
   Nach den
   → Wie die bei russischer M-trager von 1904 Iwan Petrowitsch Experimente gezeigt haben.

4. Zu den Automatismen gehört z. B. die Fähigkeit, die Beinbewegungen beim Laufen zu koordinieren.
   → Wenn man läuft

5. Bei diesen Verhaltensweisen handelt es sich um Reflexe – einfache Reaktionen auf einen Reiz (Auslöser), die immer auf die gleiche Art und Weise ablaufen und von unserem Willen nur begrenzt steuerbar sind.
   → zu steueren sind.
   gestevert werden können
   steuern lassen.

6. Sie unterscheiden sich zwar von den Reflexen, doch sie sind gleichfalls als angeboren zu betrachten.
   → *Obwohl* ... sie sich zwar von den Reflexen unterscheiden, werden sie betrachtet.

7. Das Verhalten bei diesen Handlungen kann zwar bis zu einem gewissen Grad durch das Lernen beeinflusst bzw. gesteuert werden, doch grundsätzlich verlaufen sie bei jeder Tierart nach einem spezifischen, genetisch vorgegebenen Programm.

Trotz der Möglichkeit, ____,

______________________, verlaufen sie grundsätzlich bei jeder Tierart nach einem spezifischen, genetisch vorgegebenen Programm.

8. Immer wenn seine Laborhunde gefüttert wurden, ließ der berühmte Physiologe eine Glocke läuten.

____________________________ ließ der berühmte Physiologe eine Glocke läuten.

9. Nach einer bestimmten Zeit begannen die Hunde, Verdauungssekrete zu produzieren, sobald sie den Glockenton hörten.

→ Einem bestimmten Zeitzufolge.

Nachdem eine be Zeit vergangen war

10. Die Tiere fingen an, den Glockenton und die Fütterung miteinander zu assoziieren, d. h. ähnlich wie zuvor das Futter löste nun der Glockenton eine physiologische Reaktion aus. (Passiv)

→ das Futter ~~wird~~ wurde nun durch den G eine Ra ausgelöst

4 Zwei mal drei macht vier

So multiplizierte Pippi Langstrumpf aus Spaß. Manche Kinder haben ernsthafte Probleme, Zahlen zu begreifen. Forscher werben für Verständnis.

[1] Für den griechischen Mathematiker und Philosophen Pythagoras war sie das Wesen aller Dinge. Für die kleine Nele aus dem westfälischen Gütersloh ist sie ein absolutes Rätsel: die Zahl. „Wie viel ergibt 6 plus 8?“, fragt Neles Mutter. Das Lösen dieser einfachen Aufgabe bringt die Siebenjährige bereits in große Verlegenheit.

[2] Vier bis sechs Prozent der Grundschüler fehlt ein grundlegendes Verständnis für Zahlen und Rechenoperationen, schätzen Experten. Weder Faulheit, mangelnde Intelligenz noch eine geringe mathematische Begabung sind die Ursache. Die Kinder haben eine Rechenschwäche, auch Dyskalkulie genannt.

[3] Psychologen, Neurologen und Pädagogen versuchen seit langem zu erklären, warum manchen Schülern die faszinierende Welt von Addition und Multiplikation, Potenzen und Winkeln verschlossen bleibt. „Die genauen Ursachen dafür kennen wir noch nicht“, sagt Wilhelm Schipper vom Institut für Didaktik der Mathematik an der Universität Bielefeld. Immerhin hat die Weltgesundheitsorganisation eine Definition für Dyskalkulie festgelegt. Demnach handelt es sich um eine Entwicklungsstörung schulischer Fähigkeiten, die durch unterdurchschnittliche Leistungen im mathematischen Bereich gekennzeichnet ist, während in anderen Fächern sichtlich bessere Leistungen erbracht werden. Die Fachleute interessieren folgende Fragen: Haben Schüler mit Rechenschwäche ein schlechtes räumlich-visuelles Vorstellungsvermögen? Fällt es ihnen schwer, Zahlen bildlich zu erfassen? Ist die Schwäche vererbt oder stressbedingt?

[4] Mathematik ist eine eigene Sprache. Wer ihre Grammatik nicht beherrscht, hat es schwer, die nächste Schwierigkeitsstufe zu erklimmen. Wer das Dividieren nicht versteht, muss an der Bruchrechnung scheitern. „Um Mathematik zu erlernen, ist es wichtig zu begreifen, dass hinter jeder Zahl eine bestimmte Menge steht“, erklärt Jens Holger Lorenz von der Pädagogischen Hochschule Heidelberg. Nicht ein zentrales „Rechenzentrum“ im Gehirn ermöglicht die Verarbeitung von Zahlen und Rechenvorgängen, sondern viele Areale müssen gemeinsam aktiv sein, um eine Divisions- oder Textaufgabe sinnvoll und effektiv lösen zu können. Denn Rechnen ist ein komplexer Vorgang. Forscher vermuten, dass die Millionen Nervenzellen des Scheitellappens – ein Areal oberhalb der Ohren – Zahlen mit Mengen verknüpfen.

[5] Der siebenjährige Leonard aus Berlin kennt beispielsweise die „4“ als Ziffer, ebenso das Zahlwort „vier“, aber er hat keine Idee, wie viele Äpfel oder Birnen damit verbunden sind. Dieses so genannte Mengenbewusstsein entwickeln Kinder eigentlich bereits vor der Einschulung, ergab eine entwicklungspsychologische Langzeitstudie der Universität Würzburg. „Eine Rechenschwäche macht sich sehr früh bemerkbar, man kann sie bereits im Kindergarten vorhersagen“, betont auch Lorenz.

[6] Die Kritik der Experten: Weder Erzieherinnen noch Lehrkräfte sind dafür ausreichend ausgebildet. „Zehn Prozent der Lehrer wissen, dass es Dyskalkulie gibt, aber nur 0,2 Prozent davon können sagen, woran man sie erkennt“, mahnt Rudolf Wieneke, Leiter eines Zentrums zur Therapie der Rechenschwäche in Berlin. Meist werden zuerst die Eltern aktiv.

[7] „Mir ist schon in der Vorschule aufgefallen, dass mein Sohn mit Zahlen nichts anfangen kann“, erzählt Leonards Mutter Bettina. Sie sprach die Lehrerin an – ohne Ergebnis. Während die Lese-Rechtschreib-Störung (Legasthenie) anerkannt ist und bei der Benotung oft berücksichtigt wird, können rechenschwache Kinder nicht auf Entgegenkommen hoffen. Im Gegenteil: Der übliche Mathematikunterricht verstärkt oft die Probleme, weil er häufig zu theoretisch und wenig anschaulich abläuft.

[8] Doch Früherkennung ist wichtig. Je eher die Symptome erkannt werden, desto besser können die Kinder gefördert werden. „Die Schüler kommen oft erst Ende der zweiten oder Anfang der dritten Klasse zu uns“, erklärt Mathematikdidaktiker Schipper. Erste Schwächen zeigten sich beim Zahlenraum bis 100, da die Kinder sehr viel Zeit zum Rechnen brauchen, „weil sie immer noch mit den Fingern abzählen“.

[9] Die Beurteilung, ob ein Kind tatsächlich rechenschwach ist, erfolgt nach differenzierten Kriterien. „Gespräche mit Eltern und Lehrern sowie eine präzise Beobachtung des Kindes, wenn es Aufgaben löst, gehören dazu“, sagt Wieneke. Wer Dyskalkulie diagnostizieren und behandeln darf, ist gesetzlich jedoch nicht geregelt.

[10] Nele und Leonard versuchen jetzt, mit Symbolkärtchen und dem Verschieben der bunten Kügelchen am guten alten Rechenbrett allmählich ihren Weg in die rätselhafte Welt der Zahlen und Mengen zu finden.

Quelle: FOCUS-SCHULE 01/2005, S. 98 – 100, Verfasser: Volker Gieritz

4.1 Leseverstehen und Wortschatz

1. Welche Fachbegriffe werden im Text für Probleme beim Rechnen benutzt?

____

2. Was erfahren wir im Text über die Ursachen dieser Probleme? Welche Ursachen kommen nicht in Frage? (2 – 3 Sätze)

____

____

____

3. Was ist unter „Mengenbewusstsein“ zu verstehen? Welches Beispiel wird im Text für mangelhaftes Mengenbewusstsein gegeben?

____

____

4. Fassen Sie mit eigenen Worten zusammen, wie das Gehirn rechnerische Operationen verarbeitet. (2 – 3 Sätze)

____

____

____

5. Wie wirkt sich der herkömmliche Mathematikunterricht auf die Dyskalkulie aus und warum? (1 – 2 Sätze).

6. Wie kann man feststellen, ob ein Kind Dyskalkulie hat? (1 – 2 Sätze)

Kind Man muss mit Eltern und Lehren sprechen. so wie kann man genau beobachtet werden.

7. Was kann die Erfolgsaussichten der Dyskalkulie-Behandlung verbessern? (1 Satz)

Es kann die E der D verbessern, die Symptome früh erkennen zu werden

8. Suchen Sie in den ersten drei Abschnitten Synonyme für folgende Wörter.

a) Talent

b) genetisch bedingt

c) Grund

d) erläutern, ergründen

e) unter dem Durchschnitt — unterdurchschnitt.

f) durch Stress verursacht

9. Wie heißen die folgenden mathematischen Operationen?

a) 2 x 2 = 4 — Multiplizieren. Multiplikation.

b) 12 : 3 = 4 — Dividieren Division.

c) 1/8 + 3/8 = 1/2 — Bruchrechnen.

d) $3^3 = 27$ — Potenzieren.

10. Bilden Sie Nomen aus den folgenden Verben und Adjektiven:

a) diagnostizieren — Diagnose.

b) behandeln — Behandelung

c) ablaufen — m. Ablauf

d) versuchen — m Versuch

e) vorhersagen — f. Vorhersage.

f) leisten — leistung

g) mangeln — Mangel

h) addieren — Addition

i) rätselhaft — Rätsel

j) verlegen — Verlegenheit. / Panischkeit

k) theoretisch — Theorie.

l) bewusst — Bewusstsein.

m) früh erkennen — Früherkennung

n) verarbeiten — Verarbeitung.

4.2 Strukturen: Übersicht

Nominale Ergänzungen und Ergänzungssätze

4.2.1 Subjektsatz

Nominale Ergänzungen **Subjekt**	Ergänzungssätze **Subjektsatz**
a) *Seine Probleme mit Multiplizieren und Dividieren* bereiten den Eltern große Sorgen.	*Dass er Probleme mit Multiplizieren und Dividieren hat,* bereitet den Eltern große Sorgen. Es bereitet den Eltern große Sorgen, *dass er Probleme mit Multiplizieren und Dividieren hat.*
b) *Früherkennung der Dyskalkuliesyptome* ist sehr wichtig.	*Die Dyskalkuliesymptome früh zu erkennen* ist sehr wichtig. Es ist sehr wichtig, *die Dyskalkuliesyptome früh zu erkennen.* *(Dass man die Dyskalkuliesymptome früh erkennt,* ist sehr wichtig./Es ist sehr wichtig, *dass man die Dyskalkuliesymptome früh erkennt.)*
c) *Schlechte Mathematiknoten* ärgern ihn immer wieder.	*Schlechte Mathematiknoten zu bekommen* ärgert ihn immer wieder. Es ärgert ihn immer wieder, *schlechte Mathematiknoten zu bekommen.* *(Dass er schlechte Mathematiknoten bekommt,* ärgert ihn immer wieder./Es ärgert ihn immer wieder, *dass er schlechte Mathematiknoten bekommt.)*

Erweiterte Infinitive mit „zu" (statt *dass* + NS) werden in den folgenden Fällen bevorzugt:

Das Subjekt des NS (dass-Satzes) ist unbestimmt (z. B. *man*)
Beispiel b): Dass man die Dyskalkuliesymptome früh erkennt, ...

Das Subjekt des NS ist identisch mit einer HS-Ergänzung (z. B. mit einem Dativ- oder Akkusativobjekt)
Beispiel c): Dass er schlechte Mathematiknoten bekommt, ärgert ihn immer wieder.

Der Subjektsatz wird meistens nachgestellt. Der vorausgehende HS beginnt oft mit *es.*

Beispiel a): Es bereitet den Eltern große Sorgen, ...
Beispiel b): Es ist sehr wichtig, ...
Beispiel c): Es ärgert ihn immer wieder, ...

4.2.2 Objektsatz

Nominale Ergänzungen **Akkusativobjekt**	Ergänzungssätze **Objektsatz**
a) Ich habe *seine Rechenprobleme* schon in der Vorschule bemerkt.	Ich habe schon in der Vorschule bemerkt, *dass er Rechenprobleme hat.*
b) Die Eltern werfen den Kindern oft *Faulheit* vor.	Die Eltern werfen den Kindern oft vor, *faul zu sein.* Die Eltern werfen den Kindern oft vor, *dass sie faul sind.*
c) Die Experten empfehlen *genauere Beobachtung der Kinder mit Dyskalkulie.*	Die Experten empfehlen, *die Kinder mit Dyskalkulie genauer zu beobachten.* Die Experten empfehlen, *dass man die Kinder mit Dyskalkulie genauer beobachtet.*
Präpositionalobjekt z.B. ***auf*** + NOMEN ***mit*** + NOMEN	→ ***darauf*** + **dass**-Satz/**erw. Infinitiv** → ***damit*** + **dass**-Satz/**erw. Infinitiv**
d) Rechenschwache Kinder können sich nicht immer *auf die Lehrerhilfe* verlassen.	Rechenschwache Kinder können sich nicht immer *darauf* verlassen, *dass die Lehrer ihnen helfen*
e) Rechenschwäche führt bei den Schulkindern oft *zu schlechten Noten.*	Rechenschwäche führt bei den Schulkindern oft dazu, *dass sie schlechte Noten bekommen.*
f) Viele Kinder haben Schwierigkeiten *mit dem Verständnis von Zahlen und Rechenvorgängen.*	Viele Kinder haben Schwierigkeiten (damit), *Zahlen und Rechenvorgänge zu verstehen.*
g) Gespräche mit Eltern und Lehrern können hoffentlich zur *Lösung dieser Probleme* beitragen.	Gespräche mit Eltern und Lehrern können hoffentlich *dazu* beitragen, *diese Probleme zu lösen.*
h) Die Eltern können den Kindern *bei der Lösung dieser Aufgaben* helfen.	Die Eltern können den Kindern (dabei) helfen, *diese Aufgaben zu lösen.*

Erweiterte Infinitive mit „zu“ (statt *dass* + NS) werden in den folgenden Fällen häufig benutzt:

Hauptsatz und Nebensatz haben das gleiche Subjekt
Beispiel f): Kinder = Subjekt von „Schwierigkeiten haben“ und „Zahlen und Rechenvorgänge verstehen“

Das Subjekt des Nebensatzes ist unbestimmt (z. B. *man*)
Beispiel g): man = Subjekt von „diese Probleme lösen“

Das Subjekt des Nebensatzes ist mit einer anderen Ergänzung des Hauptsatzes identisch (z. B. mit einem Dativ-/Akkusativobjekt)
Beispiel h): Kinder = Objekt des Hauptsatzes (Eltern helfen den Kindern)
= Subjekt des Nebensatzes (Die Kinder lösen diese Aufgaben)

Das Pronominaladverb (*darauf, daran, damit, dabei*) kann bei vielen Verben weggelassen werden (s. Beispiele f und h).

4.2.3 Indirekter Fragesatz

Subjekt **Akkusativobjekt** **Präpositionalobjekt**	**Indirekter Fragesatz** eingeleitet mit: 1) ***ob***; 2) W-Wort: ***wie/warum/welche*** ...
Oft lassen sich *Dyskalkuliesymptome* nicht genau diagnostizieren.	Oft lässt sich nicht genau diagnostizieren, ***ob*** *Dyskalkuliesymptome vorliegen.*
Die Ursachen der Dyskalkulie bei Schulkindern sind ungenügend erforscht.	Es ist ungenügend erforscht, ***welche*** *Ursachen die Dyskalkulie hat/* ***was*** die Ursachen der Dyskalkulie sind/ ***was*** die Dyskalkulie verursacht/ ***warum*** es zur Dyskalkulie kommt/ ***was*** zur Dyskalkulie führt.

Indirekte Fragesätze werden gebildet, wenn der Inhalt der Ergänzung ungewiss ist (*Ich weiß nicht ..., Es ist fraglich/ungewiss/unklar ..., Man fragt sich oft ...,*)

Wir wissen nicht, ob in diesem Fall Dyskalkulie vorliegt.
Die Lehrer sollten sich danach erkundigen, wie man Dyskalkulie erkennt.

4.3 Strukturen: Aufgaben

I Worauf beziehen sich die folgenden Wörter?

a) „sie" (Z. 1) ______

b) „dafür" (Z. 11) ______

c) „demnach" (Z. 14) D für Dyskalkulie.

d) „es" (Z. 18) ______

e) „es" (Z. 22) ______

f) „davon" (Z. 38) ______

II Formulieren Sie die Sätze um, ohne ihren Sinn zu verändern

1. Manche Kinder haben ernsthafte Schwierigkeiten mit dem Umgang mit Zahlen und Mengen. (s. 4.2.2)
   → , mit Zahlen und Mengen um zu gehen.

2. Das Lösen dieser einfachen Aufgabe bringt die Siebenjährige bereits in große Verlegenheit. (s. 4.2.1)
   → Dass sie dieser einfachen Aufgabe löst.

3. Psychologen, Neurologen und Pädagogen versuchen seit langem zu erklären, warum bei Schulkindern Rechenprobleme auftreten. (s. 4.2.3)
   → die Gründe für das Auftreten ~~dass sie~~ von Rechenp... bei Schulkindern.

4. Die genauen Ursachen für die Rechenschwäche kennen wir noch nicht. (s. 4.2.3)
   → Was genau die Rech.... verursacht → wiesen.
   Warum die Rechenschwäche entsteht / gibt / existieret.

5. Demnach handelt es sich um eine Entwicklungsstörung schulischer Fähigkeiten, die durch unterdurchschnittliche Leistungen im mathematischen Bereich gekennzeichnet ist. (s. 4.2.2)
   → dadurch gekennzeichnet ist, dass man unterdurch... Leistungen in mathematischen Bereich liegt

6. Oft fällt es ihnen schwer, Zahlen bildlich zu erfassen. (s. 4.2.1)
   →

7. Wer das Dividieren nicht versteht, muss an der Bruchrechnung scheitern. (s. 4.2.3)
→ *Wer nicht versteht, wie …* das

8. Nicht ein zentrales „Rechenzentrum" im Gehirn ermöglicht die Verarbeitung von Zahlen und Rechenvorgängen, sondern viele Areale müssen gemeinsam aktiv sein, um eine Divisions- oder Textaufgabe sinnvoll und effektiv lösen zu können. (s. 4.2.2)
→

9. Zehn Prozent der Lehrer wissen, dass es Dyskalkulie gibt, aber nur 0,2 Prozent davon können sagen, woran man sie erkennt. (s. 4.2.2)
→

10. Während die Legasthenie bei der Benotung oft berücksichtigt wird, können rechenschwache Kinder nicht auf Entgegenkommen hoffen. (s. 4.2.2)
→

11. Die Beurteilung, ob ein Kind tatsächlich rechenschwach ist, erfolgt nach differenzierten Kriterien. (s. 4.2.3)
→

12. Gespräche mit Eltern und Lehrern sowie eine präzise Beobachtung des Kindes gehören dazu. (s. 4.2.1)
→

13. Vier bis sechs Prozent der Grundschüler fehlt ein grundlegendes Verständnis für Zahlen und Rechenoperationen, schätzen Experten.
→ *Laut …* der Schätzung der Experten,

14. Um Mathematik zu erlernen, ist es wichtig zu begreifen, dass hinter jeder Zahl eine bestimmte Menge steht.
→ Zum Erlernen der Mathematik

15. Diese Entwicklungsstörung ist durch unterdurchschnittliche Leistungen im mathematischen Bereich gekennzeichnet, während in anderen Fächern sichtlich bessere Leistungen erbracht werden.

(dagegen) → | - - - - - , dagegen werden in anderen - - - - erbracht.

16. Viele Areale des Gehirns müssen gemeinsam aktiv sein, um eine Divisions- oder Textaufgabe sinnvoll und effektiv lösen zu können.

→ Für eine , dass sie ~~es~~ eine Division

Zum Lösen.

17. Dieses so genannte Mengenbewusstsein entwickeln Kinder vor der Einschulung, ergab eine entwicklungspsychologische Langzeitstudie der Universität Würzburg.

Wie ______________________________,

entwickeln Kinder ______________________________

______________________________.

18. Eine Rechenschwäche kann man bereits im Kindergarten vorhersagen.

→ Eine R lässt sich bereits im Kindergarten.

19. Während die Legasthenie allgemein anerkannt ist, wird die Rechenschwäche bei der Benotung kaum berücksichtigt.

(im Gegensatz/Unterschied zu) → Im Gegensatz zu der allgemein anerkannten Legasthenie wird.

20. Der übliche Mathematikunterricht verstärkt oft die Probleme, weil er häufig zu theoretisch und wenig anschaulich abläuft.

(wegen) → wegen seiner häufig theoretisch wenig ansch anschaulich Ablauf

(denn) → denn er läuft.

(deshalb) → ~~deshalb~~ er

Der übliche M läuft häufig zu theoretisch und anschaulich ab, deshalb ver

verstär

5 Das Gute an der Warteschlange

Wer warten muss, tut dies mit Gewinn, wenn sich hinter ihm noch viele drängeln.

[1] Vielen Menschen bereitet es Unbehagen, in einer langen Warteschlange zu stehen. Wer mit dem Gedanken liebäugelt, unverrichteter Dinge wieder zu gehen, sollte diese Entscheidung vernünftigerweise davon abhängig machen, wie viele Wartende er noch vor sich hat. Doch erstaunlicherweise ziehen die meisten Anstehenden auch die Länge der Schlange hinter sich ins Kalkül. Sie werden von zwei Marketing-Professoren an der Hongkong University, Rongrong Zhou und Dilip Soman, unterstützt.

[2] Eine lange Schlange ist ein starker Hinweis, dass es mit der angebotenen Dienstleistung vor uns etwas auf sich hat. In sozialistischen Ländern war das tatsächlich so: Schlange stehen hieß, eventuell etwas Rares ergattern zu können. Neben diesem materiellen Wert bietet die Schlange dem Wartenden zusätzlich die hervorragende Gelegenheit, sein Los durch einen sozialen „Abwärtsvergleich“ aufzuwerten: Wer in einer Krise steckt oder Probleme und Niederlagen überwinden muss, kann sein Selbstwertgefühl wieder aufrichten, indem er sich mit denjenigen vergleicht, denen es noch schlechter geht. Aus einem solchen Stimmungsaufheller zieht der Mensch den Schluss: Es könnte noch viel schlimmer sein, ich bin noch ganz gut weggekommen.

[3] Warteschlangen provozieren soziale Vergleiche, weil sie jene deutlich vor Augen führen, die besser oder schlechter da stehen. Dass Menschen sich in dieser Situation „nach hinten“ orientieren, demonstrierten die chinesischen Forscher mit einer Feldstudie. Sie observierten Menschen, die während der Mittagspause an einem Geldautomaten anstanden.

[4] Wie zu erwarten, hing die Geduld eines Wartenden von der Zahl der vor ihm Stehenden ab. Aber nicht nur. Nachdem die Forscher diesen Effekt statistisch ausgewertet hatten, kam etwas anderes ans Licht: Je mehr Mitwartende hinter den Versuchsteilnehmern standen, desto geringer wurde die Neigung, aus der Schlange auszubrechen.

[5] Vielleicht wollen die Wartenden anhand der Zahl der Menschen hinter sich nur abschätzen, wie lange sie anstehen müssten, wenn sie später wiederkämen? Diesen naheliegenden Einwand haben die Wissenschaftler mit einer Veränderung des Versuchs ausgeräumt. Diesmal sollten sich die Probanden vorstellen, dass sie an einem Postschalter Schlange stünden, um einen dringenden Brief aufzugeben. Als Alternativen standen zur Wahl: in der Schlange auszuharren oder gegen eine Extragebühr an einem Express-Schalter sofort bedient zu werden.

[6] Mogeln ging nicht: Die Möglichkeit, später wiederzukommen, wurde ausgeschlossen. Auch in dieser Variante stärkte das rückseitige Publikum den Durchhaltewillen der Schlangesteher: Je mehr (imaginäre) Wartende jemand hinter sich verspürte, desto bereitwilliger blieb er in der Schlange und ließ sich die VIP-Behandlung entgehen.

[7] Die Möglichkeit, sich mental von „denen da hinten“ abzusetzen, verbesserte auch die Gemütsverfassung: In einem weiteren Versuch haben die Forscher Daten über das Befinden ihrer Probanden erhoben. Die Quintessenz: Je länger die Schlange hinter ihnen war, desto mehr stieg die Stimmung der Wartenden.

[8] Zhou und Soman schreiben dieses Ergebnis der menschlichen Neigung zu, sich in Notlagen mit jenen zu vergleichen, die noch übler dran sind. An Gedanken wie „Die müssen noch länger warten als ich“ oder „Ich wette, die wären jetzt gern in meiner

Position" ziehen die Wartenden sich selbst hoch.

[9] In alternativen Systemen, wo die Wartenden eine Nummer ziehen müssen, bleibt das Los der Schicksalsgenossen fast unsichtbar. Dadurch wird es nahezu unmöglich, sich an deren schlechteren Lage aufzurichten. Schlangesteher, die viele hinter sich hatten, so fanden die Marketing-Experten heraus, waren besser gelaunt und brachen das Warten seltener ab als „Nummernzieher" in der gleichen Situation.

Quelle: Bild der Wissenschaft 1/2005, S. 65, Verfasser: Rolf Degen

5.1 Leseverstehen und Wortschatz

1. Welcher Faktor entscheidet bei den meisten Menschen darüber, ob sie eine Schlange verlassen oder weiter anstehen? (1 – 2 Sätze)

   Wie viele Menschen hinter ~~sich~~ sie stehen und warten.

2. Wie werden der „materielle" und der „soziale" Wert der Schlange dargestellt? (2 – 3 Sätze)

3. Welche zwei Sätze zeigen besonders deutlich, dass im ersten und im zweiten Experiment dasselbe Ergebnis erzielt wurde (bzw. dass das zweite Experiment das Resultat des ersten bestätigt)?

4. Welchen Zusammenhang haben die Forscher zwischen der Position des Wartenden in der Schlange und seiner Gemütsverfassung ermittelt? (1 – 2 Sätze)

5. Wie wurde dieses Ergebnis interpretiert? (1 – 2 Sätze)

6. Fassen Sie die Ergebnisse der drei Versuche in nominalisierter Form zusammen:

   Versuche 1 und 2:

   Versuch 3:

7. Kann man bei den „Nummernziehern“ ähnliche psychologische Effekte (Verbesserung der Stimmung) wie bei den „Schlangestehern“ beobachten? Erläutern Sie Ihre Antwort. (2 – 3 Sätze)

____

____

____

8. Suchen Sie im Text Synonyme für die folgenden Wörter.

Abschnitt [1]: a) die Wartenden ______________________

b) überraschend, überraschenderweise ______________________

Abschnitt [2]: a) Selbstbewusstsein ______________________

b) ausgezeichnet ______________________

c) schlussfolgern ______________________

d) selten ______________________

Abschnitt [3]: a) beobachten ______________________

b) vorführen, zeigen (2 Synonyme) ______________________

Abschnitt [4]: a) Tendenz, Vorliebe, Hang ______________________

b) sich zeigen, sich erweisen, sich herausstellen ______________________

Abschnitt [5]: a) an einem wissenschaftlichen Experiment beteiligte Menschen, Versuchsteilnehmer, Versuchspersonen ______________________

b) Vorwurf, Kritik ______________________

Abschnitt [7]: a) Stimmung, Laune, Zustand (2 Synonyme) ______________________

____

Abschnitt [9]: a) Personen in einer ähnlichen Notlage, Leidensgenossen

____

b) ermitteln, feststellen ______________________

9. Erklären Sie das Wort „Stimmungsaufheller“ (2. Abschnitt). Beachten Sie dabei sowohl die Wortbildung als auch den Kontext.

____

____

10. Suchen Sie in den Abschnitten [5] und [6] die Textstellen, die das Verständnis der folgenden drei Ausdrücke erleichtern: *rückseitiges Publikum, Durchhaltewillen, VIP-Behandlung* (6. Abschnitt).

____

____

5.2 Strukturen: Übersicht

5.2.1 Modalverben (Grundbedeutung)

Modalverb	andere Ausdrucksmöglichkeiten
müssen: *Notwendigkeit/Pflicht/Zwang*	
Man *muss* stundenlang anstehen.	Es ist *nötig/notwendig/unumgänglich/ erforderlich/unvermeidlich/nicht zu vermeiden,* stundenlang anzustehen. Man ist *gezwungen/verpflichtet,* stundenlang anzustehen. Man *hat* stundenlang anzustehen.
Hier *muss* man die Nummer ziehen.	Hier *ist* die Nummer zu ziehen.
Man *muss nicht* lange anstehen.	Man *braucht nicht* lange anzustehen.
können: *Fähigkeit/Möglichkeit/Erlaubnis*	
Ein älterer Mensch *kann* nicht lange anstehen.	Ein älterer Mensch ist nicht *in der Lage/ imstande/fähig,* lange anzustehen. Ein älterer Mensch *vermag* nicht, lange anzustehen (Inf.: vermögen).
Die meisten Kunden *können* später nicht mehr wiederkommen.	Die meisten *haben* später nicht mehr die *Möglichkeit/Gelegenheit,* wiederzukommen. Für die meisten *ist* es später nicht mehr *möglich,* wiederzukommen.
Daraus *kann* man den Schluss ziehen, dass...	Daraus *ist* der Schluss zu ziehen, dass ... /Daraus *lässt sich* der Schluss ziehen, dass ...
Ohne Wartenummer *kann* man das Büro nicht betreten.	Ohne Wartenummer *ist* es nicht *erlaubt, das Büro* zu betreten./Ohne Wartennummer *darf* man das Büro nicht betreten.
dürfen: *Erlaubnis*	
Ohne Wartenummer *darf* man nicht eintreten.	Es *ist* nicht *erlaubt/gestattet,* ohne Wartenummer einzutreten. Es ist *verboten/untersagt,* ohne Wartenummer einzutreten.

wollen: *Wille/Absicht/Bereitschaft*	
Nach längerem Warten *wollen* die meisten nicht mehr die Schlange verlassen.	Nach längerem Warten *sind* die meisten nicht mehr *bereit,* die Schlange zu verlassen. Nach längerem Warten *beabsichtigen* die meisten nicht mehr, die Schlange zu verlassen. Nach längerem Warten *haben* die meisten nicht mehr *die Absicht/Intention,* die Schlange zu verlassen. Nach längerem Warten *haben* die meisten nicht mehr *vor,* die Schlange zu verlassen.
möchte-: *Wunsch*	
Viele *möchten* jetzt an meiner Stelle sein.	Viele *würden* jetzt gern an meiner Stelle *sein.*
Einige *möchten* nicht so lange warten.	Einige haben *keine Lust/wünschen* nicht, so lange zu warten.
sollen:	
1. *fremder Wunsch oder Auftrag, Erwartung, Vorschlag*	
Sie *sollen* das Verhalten der Anstehenden beobachten.	Sie sind *beauftragt*/haben den *Auftrag,* das Verhalten der Anstehenden zu beobachten.
Soll ich für dich eine Wartenummer ziehen?	*Erwartest* du von mir/möchtest du, dass ich für dich eine Wartenummer ziehe?
2. *Empfehlung (Konjunktiv II)*	
Sie *sollten* sich schon morgen früh anstellen.	Es *wäre besser,* wenn Sie sich schon morgen früh anstellen würden. Ich *empfehle* Ihnen, sich schon morgen früh anzustellen.
Man *sollte* schon um acht Uhr morgens eine Nummer ziehen.	Schon um acht Uhr morgens eine Nummer zu ziehen ist *ratsam/empfehlenswert.*

Wer zu warten gezwungen ist

5.3 Strukturen: Aufgaben

Wer gezwungen ist zu warten

I Ersetzen Sie die unterstrichenen Modalverben durch andere Ausdrücke und umgekehrt. (s. 5.2.1)

1. Wer warten muss, tut dies mit Gewinn, wenn sich hinter ihm noch viele drängeln.

   ~~Für wer ist notwendig zu warten~~.

2. Man sollte diese Entscheidung vernünftigerweise davon abhängig machen, wie viele Wartende man noch vor sich hat.

   Es wäre besser, ~~zu~~ dass man - - - - . machen

   Es wäre besser, diese Entscheid . . . zu machen

3. Schlange stehen hieß eventuell etwas Rares ergattern zu können.

4. Neben diesem materiellen Wert bietet sich dem Wartenden zusätzlich die hervorragende Gelegenheit, sein Los durch einen sozialen „Abwärtsvergleich" aufzuwerten.

   Neben diesem materiellen Wert kann die Wartenden.

5. Wer in einer Krise steckt oder Probleme und Niederlagen überwinden muss, kann sein Selbstwertgefühl wieder aufrichten, indem er sich mit denjenigen vergleicht, denen es noch schlechter geht.

   Wer in einer Krise steckt oder gezwugen ist, Proble . . .

   . . . und N zu überwinden. hat ~~sein Selbst~~ . . .

   die Möglichkeit, sein Selb . . .

6. Wie zu erwarten, hing die Geduld eines Wartenden von der Zahl der vor ihm Stehenden ab.

   Wie man erwarten konnte.

7. Diesmal sollten sich die Probanden vorstellen, an einem Postschalter Schlange zu stehen, um einen dringenden Brief aufzugeben.

   Diesmal wäre es sich besser die P vorzustellen.

8. Die Möglichkeit, sich mental von „denen da hinten" abzusetzen, verbesserte auch die Gemütsverfassung.

   Es ~~kann~~ kann, sich . . . . abzusetzen, ~~ver~~ auch die G verbessern

9. Die müssen noch länger warten als ich.

   Die sind gezwungen, noch länger als ich zu warten

10. Dadurch wird es unmöglich, sich an deren schlechteren Lage aufzurichten.

    Dadurch kann man sich nicht an deren . . . ~~nicht~~ aufzurichten

    wo sollt „nicht" setzten?

II Worauf beziehen sich die folgenden Wörter?

a) „es“ (Z. 1) ____________________

b) „sie“ (Z. 16) ____________________

c) „die chinesischen Forscher“ (Z. 18) ____________________

d) „dadurch“ (Z. 45) ____________________

e) „es“ (Z. 45) ____________________

f) „deren“ (Z. 46) ____________________

III Transformieren Sie die folgenden Sätze, ohne ihren Sinn zu verändern.

1. Vielen Menschen bereitet es Unbehagen, in einer langen Warteschlange zu stehen.

→ Vielen Menschen bereitet das Anstehen in einer langen Warteschlange Unbehagen

2. Man sollte diese Entscheidung vernünftigerweise davon abhängig machen, wie viele Wartende man noch vor sich hat.

→ M - - - - . von, ~~die~~ der Zahl der Wartende vor sich.

3. Der Wartende hat zusätzlich die hervorragende Gelegenheit, sein Los durch einen sozialen „Abwärtsvergleich“ aufzuwerten.

→ , sein Los dadurch aufwerten, dass er eine sozialen Abwärtsvergleich

4. Warteschlangen provozieren soziale Vergleiche, weil sie jene deutlich vor Augen führen, die besser oder schlechter dastehen.

(daher) → ~~Sie~~ Wa führen - - - -, daher provozieren sie.

(denn) → ~~daher führen sie~~, die.

denn sie ~~die~~ führen.

5. Dass Menschen sich in dieser Situation „nach hinten“ orientieren, demonstrierten die chinesischen Forscher mit einer Feldstudie.

→ Die Orientierung der Menschen in die - - -

6. Nachdem die Forscher diesen Effekt statistisch ausgewertet hatten, kam etwas anderes ans Licht: Je mehr Mitwartende hinter den Versuchsteilnehmern standen, desto geringer wurde die Neigung, aus der Schlange auszubrechen.

   ______________________________ kam etwas anderes ans Licht: Mit ______________________________ wurde die Neigung geringer, aus der Schlange auszubrechen.

7. Vielleicht wollen die Wartenden anhand der Zahl der Menschen hinter sich nur abschätzen, wie lange sie anstehen müssten?

   →

8. Diesen naheliegenden Einwand haben die Wissenschaftler mit einer Veränderung des Versuchs ausgeräumt.

   →

9. In einem weiteren Versuch haben die Forscher Daten über das Befinden ihrer Probanden erhoben.

   →

10. Schlangesteher, die viele hinter sich hatten, so fanden die Marketing-Experten heraus, waren besser gelaunt und brachen das Warten seltener ab als „Nummernzieher" in der gleichen Situation.

    ______________________________ waren Schlangesteher, die viele hinter sich hatten, besser gelaunt und brachen das Warten seltener ab als „Nummernzieher" in der gleichen Situation.

11. Das Anstehen nach einer von vielen Mitmenschen begehrten Sache kann nerven.

    → *Es …*

6 Party statt Papa

[1] Was hat sich Renate Schmidt nicht alles von ihrer Politik versprochen: Die „individuelle Lebensplanung junger Männer und Frauen“ wollte sie unterstützen, die „Verbindung von Beruf und Familie möglich machen“. Daher habe die Verbesserung der Kindertagesbetreuung für sie „oberste Priorität“, beteuerte die Bundesfamilienministerin immer wieder. Die Hoffnung der SPD-Ministerin, selbst Mutter von drei Kindern: Stimmen die Krippenplätze, geht auch die Geburtenrate wieder hoch.

[2] Fehlanzeige. Auf Hort-, Kindergarten- oder Krippenangebote kommt es gar nicht an. Party statt Papa heißt der neue Lebensstil. Lange ausschlafen am Wochenende, Fernreisen in der billigen Nebensaison und Zweisitzer statt Familienkutsche. Ein Drittel der jungen Leute in Deutschland möchte einfach keine Kinder. Egal, ob es immer mehr Geld gibt oder gar mehr Betreuungsplätze. Fakt ist: Im Jahr 1964 wurden in Deutschland 1,3 Millionen Kinder geboren. 2003 waren es nur noch 706.000.

[3] Das Ergebnis neuer Umfragen verstärkt die Ratlosigkeit der Politiker. In einer Forsa-Studie gaben 44 Prozent der Befragten als Grund für ihre Kinderlosigkeit einen fehlenden Partner an. Außerdem sind sie mit ihrem derzeitigen Leben zufrieden. Rund 39 Prozent der 40.000 Befragten im Alter zwischen 18 und 49 Jahren begründeten ihren Verzicht mit der Angst um den Job. Frauen sehen Kinder als Karrierehemmnis. Nur neun Prozent nannten fehlende Betreuungsmöglichkeiten als Grund.

[4] Vor allem sehr gebildete Frauen haben es bei der Partnersuche schwer. Einerseits gibt es bei Männern immer noch eine Hemmschwelle gegenüber klugen Frauen, andererseits wollen diese Frauen oft nicht „nach unten“ heiraten. Daher scheint, so ein Gutachten des Bundesfamilienministeriums, ein Studium bei Frauen der sicherste Weg in die Partner- und Kinderlosigkeit zu sein.

[5] Doch es gibt noch andere Gründe für die Baby-Enthaltsamkeit: Rund 75 Prozent der Befragten sind sicher, dass Deutschland kinderfeindlich ist. Hier sehen die Politiker ihre Chance zum Handeln. Wichtig sei ein „Umdenken in der Gesellschaft“, sagt Familienministerin Renate Schmidt ebenso wie die CDU-Expertin Maria Böhmer. Auch Bundespräsident Horst Köhler forderte in seiner Antrittsrede, Deutschland solle „ein Land für Kinder werden“. Er will sich am 17. Januar mit der Familienministerin, dem DGB-Vorsitzenden Michael Sommer und anderen Familien-Engagierten treffen, um nach Lösungen für die millionenfache Kinderverweigerung zu suchen. „Es geht darum, die Lebenswelt für Familien zu ändern“, meint Albin Nees, Präsident des Deutschen Familienverbands. „Wir müssen Eltern die Sicherheit geben, dass sie und ihre Kinder gerne gesehen sind – ob im Wohnhaus, auf der Straße, im Restaurant oder am Arbeitsplatz.“

[6] Über Familie sei in den vergangenen Jahren „nur nach ideologischen Gesichtspunkten“ diskutiert worden, „die Werte haben wir nicht geschützt, wir haben sie sogar vergessen“, räumt die grüne Familienexpertin Ekin Deligöz selbstkritisch ein. Das Bundesministerium habe keine Macht. Selbst über das Kindergeld entscheide das Finanzressort. Zudem werde Frauen immer noch das gängige Rollenbild aufgedrückt: „Entweder bin ich Hausfrau und drücke mich vor dem Erwerbsleben oder ich bin Rabenmutter und Karrieretussi.“ Auf den massenhaften Baby-Verzicht gebe es keine einfachen Antworten. „Im Grunde braucht jeder, der sich für ein Kind entscheidet, eine individuelle Hilfe.“

[7] Daran hapert es. Zumal „ganze Bevölkerungsgruppen keinen Kontakt mehr mit Kindern haben", sagt die Leiterin des Instituts für Demoskopie Allensbach Renate Köcher. Sie verweist in einer parallel geführten Studie auf eine wachsende „Kinderdistanziertheit". Schlimmer noch: „Kinder werden von großen Teilen unserer Gesellschaft als Störfaktor empfunden", beklagt Maria Böhmer. Daher steht für die befragten Eltern vor allem mehr Kinderfreundlichkeit auf der Wunschliste. Aber auch günstigere Preise für Familien (92 Prozent) und mehr finanzielle Unterstützung durch den Staat wünschen sich 85 Prozent.

[8] Nach Ansicht der Opposition sind die Umfrageergebnisse für die rot-grüne Regierung eine Blamage. „Mit einer ideologischen Fixierung auf institutionelle Unterbringung der Kinder" sei niemandem gedient, mahnt Baden-Württembergs Ministerpräsident Erwin Teufel (CDU). „Betreuung ist wichtig, aber kein Allheilmittel." Teufel fordert differenzierte Angebote und mehr Akzeptanz für Kinder.

[9] Die schwindet nicht nur in Deutschland. Auch in Großbritannien ist der Nachwuchs nicht mehr überall gern gesehen. In London gibt es bereits Restaurants, die ein „Kinder verboten"-Schild aufhängen. Und fast jedes öffentliche Schwimmbad wirbt mit einem kinderfreien Tag oder zumindest mit kinderfreien Stunden um die Gunst der älteren Generation.

Quelle: Focus 3/05, S. 32 – 33, Verfasserin: Nicola Brüning

ein neue Lebensstil.

6.1 Leseverstehen und Wortschatz

1. Erklären Sie in zwei bis drei Sätzen den Titel des Artikels.

   Durch einer Reihe von Maßnahmen lassen es Deutschen Kinder haben und sonder nicht Party machen.

2. Welche Ausdrücke im Abschnitt [1] beziehen sich auf Renate Schmidt?

   Sie wollte unterstützen die G zu verbessern

3. Was ist mit „Fehlanzeige" am Anfang des Abschnitts [2] gemeint?

   negatives Ergebnis

4. Was erfahren wir im Text über die Geburtenrate in Deutschland?

   Die Geburtenrate in D ist sich gesunken als im Jahr 1964.

5. Nennen Sie stichwortartig (in nominalisierter Form) die Gründe für die Kinderlosigkeit, die im Text angegeben werden.

   1. ein fehlender Partner
   2. Die Angst des Job.
   3. fehlende Betreuungsmöglichkeiten.

   Die

6. Erklären Sie kurz das im Text dargestellte Verhältnis zwischen der Bildung und der Familiengründung. (1 Satz)

Frauen denken, dass Wenn sie Kinder haben, ihr Karriter

7. Formulieren Sie Überschriften für die Abschnitte [3], [4] und [9].

Abschnitt [3]: Das Ergebnis Warum sie die Deutschen nicht ein Kinder bekommen wollen

Abschnitt [4]: ______

Abschnitt [9]: ______

8. In welchen Abschnitten wird die negative Einstellung gegenüber Kindern thematisiert?

______

9. Suchen Sie im Text Wörter, die *Kind-* bzw. *Kinder-* beinhalten. Welche von diesen Wörtern können als Antonyme (Wörter mit entgegengesetzter Bedeutung) betrachtet werden?

______

10. Drücken Sie den folgenden Gedanken anders aus: „Daher *steht* für die befragten Eltern vor allem mehr Kinderfreundlichkeit *auf der Wunschliste*."

______

11. Suchen Sie im Abschnitt [3] Synonyme für *erklären/erläutern*.

______

12. Welcher Ausdruck wird in Abschnitt [9] für *Kinder* benutzt?

______

13. Welche Verben des Sagens bzw. der Meinungs- und Gefühlsäußerung (Beispiele: *sagen, meinen, betonen, behaupten, zugeben, befürchten*) werden in den Abschnitten [1], [6], [7] und [8] in Verbindung mit der Redewiedergabe benutzt?

______

6.2 Strukturen: Übersicht

6.2.1 Die indirekte Rede (Präsens)

Die indirekte Rede wird bei der Wiedergabe von Aussagen und Meinungen benutzt, und zwar besonders in Zeitungsberichten, Nachrichten und z. T. in wissenschaftlichen Texten.
Bei der indirekten Rede werden der Konjunktiv I und – als Ersatz für Formen, die mit dem Indikativ identisch sind – der Konjunktiv II benutzt.

Übersicht einiger Konjunktivformen

		Konjunktiv I	Konjunktiv II
haben			
	ich	habe	hätte
	du	habest	hättest
	sie/er/es	habe	hätte
	wir	haben	hätten
	ihr	habet	hättet
	sie	haben	hätten
können			
	ich	könne	könnte
	du	könnest	könntest
	sie/er/es	könne	könnte
	wir	können	könnten
	ihr	könnet	könntet
	sie	können	könnten
wissen			
	ich	wisse	wüsste
	du	wissest	wüsstest
	sie/er/es	wisse	wüsste
	wir	wissen	wüssten
	ihr	wisset	wüsstet
	sie	wissen	wüssten
machen			
	ich	mache	machte/würde machen
	du	machest	machtest/würdest machen
	sie/er/es	mache	machte/würde machen
	wir	machen	machten/würden machen
	ihr	machet	machtet/würdet machen
	sie	machen	machten/würden machen

Konjunktiv I: Verbstamm (hab-/könn-/wiss-) + Endung (-e, -est, -e, -en, -t, -en)

schlagen: Ind. *sie schlägt*, Konj. I *sie schlage*;
geben: Ind. *er gibt*, Konj. I *er gebe*

> Er sagt: „Ich kann nicht kommen, ich habe keine Zeit."
> Er sagt, er könne nicht kommen, er habe keine Zeit.
> → Konjunktiv I

Konjunktiv II als Ersatzform, da Konjunktiv I und Indikativ die gleiche Form haben (können, haben)

> Sie sagen: „Wir können nicht kommen, wir haben keine Zeit."
> Sie sagen, sie könnten nicht kommen, sie hätten keine Zeit.
> → Konjunktiv II

Direkte und indirekte Rede: Beispiele

haben + sein

„Die Verbesserung der Kindertagesbetreuung *hat* die oberste Priorität", beteuerte die Bundesfamilienministerin.

Die Bundesfamilienministerin beteuerte, die Verbesserung der Kindertagesbetreuung *habe* die oberste Priorität. (Die Bundesfamilienministerin beteuerte, dass die Verbesserung der Kindertagesbetreuung die oberste Priorität *habe*.)

„Betreuung *ist* wichtig, aber kein Allheilmittel", betont Erwin Teufel.

Erwin Teufel betont, Betreuung *sei* wichtig, aber kein Allheilmittel.

Die Forscherin sagte: „Viele deutsche Akademikerinnen *sind* alleinstehend und *haben* keine Kinder."

Die Forscherin sagte, viele deutsche Akademikerinnen *seien* alleinstehend und *hätten* keine Kinder.

Modalverben

Sie sagte: „Ich *will* nicht behaupten, dass ich wegen meiner Karriere unbedingt auf Kinder verzichten *muss*."

Sie sagte, sie *wolle* nicht behaupten, dass sie wegen ihrer Karriere unbedingt auf Kinder verzichten *müsse*.

Er behauptete: „Die meisten Akademikerinnen in meinem Bekanntenkreis *können* sich ein Kind leisten, sie *wollen* es aber nicht."

Er behauptete, die meisten Akademikerinnen in seinem Bekanntenkreis *könnten* sich ein Kind leisten, sie *wollten* es aber nicht.

Verben mit regelmäßiger Präsensbildung

„Man *verzichtet* auf Kinder."
„Viele Akademikerinnen *verzichten* auf Kinder."

..., man *verzichte* auf Kinder
..., viele Akademikerinnen *verzichteten* auf Kinder/*würden* auf Kinder *verzichten*.

Verben mit Vokalwechsel im Präs. Sg. (*nehmen – er nimmt, geben – er gibt …*)

„Diese Gesellschaft *gilt* als kinderfeindlich.“

…, diese Gesellschaft *gelte* als kinderfeindlich. (Stamm: *gelt-*)

Passiv Präsens

„Ein Kind *wird* oft als störend *empfunden.*“

…, ein Kind *werde* oft als störend empfunden.

„Wohnungen *werden* bevorzugt an kinderlose Familien *vermietet*.“

…, Wohnungen *würden* bevorzugt an kinderlose Familien *vermietet*.

6.3 Strukturen: Aufgaben

I Worauf bezieht sich „die“ (Z. 57)?

Differenzierte Angebote und mehr Akzeptanz für Kinder

II Aufgaben zur direkten und indirekten Rede (s. 6.2.1)

1. Suchen Sie in den Zeilen 38 – 40 Beispiele für die indirekte Rede. Verwandeln Sie sie in die direkte Rede.

   ~~hat~~ hat / entscheidet / werden.

2. Setzen Sie
   a) den drittletzten und
   b) den letzten Satz des Abschnitts [6] in die indirekte Rede.

   a) Die grüne Familienexpertin Ekin Deligöz beklagt, entweder ______

   b) Im Grunde brauche jeder , entscheide .

3. Setzen Sie den letzten Textabschnitt in die indirekte Rede.

   Der Verfasser der Artikels betont, dass die nicht nur in D schwinde
   Auch in G sei der N … gesehen. In L gebe
   aufhängen würden. ~~wirb~~ wäre

III Formulieren Sie die folgenden Sätze um, ohne ihren Sinn zu verändern.

1. Die Verbindung von Beruf und Familie wollte sie ermöglichen.
   → Sie wollte ermöglichen, dass ...

2. Die Hoffnung der SPD-Ministerin, selbst Mutter von drei Kindern: Stimmen die Krippenplätze, geht auch die Geburtenrate wieder hoch.
   ________________________________ hofft, dass die Geburtenrate wieder hochgeht, ________________________________

3. Verbinden Sie die folgenden Sätze mit Hilfe eines Hauptsatz- oder Nebensatzkonnektors. *Fehlanzeige. Auf Hort-, Kindergarten- oder Krippenangebote kommt es gar nicht an.*
   →

4. Bilden Sie negative Adversativsätze (*anstatt ... zu/anstatt...dass*), die dem Sinn der Ausdrücke
   a) *Party statt Papa* und
   b) *Zweisitzer statt Familienkutsche* (2. Abschnitt)
   entsprechen.

   a)

   b)

5. Ein Drittel der jungen Leute in Deutschland möchte einfach keine Kinder. Egal, ob es immer mehr Geld gibt oder gar mehr Betreuungsplätze.
   Ein Drittel der jungen Leute in Deutschland möchte unabhängig von ______________
   ________________________________ einfach keine Kinder.

6. Verbinden Sie die folgenden Sätze:
   Im Jahr 1964 wurden in Deutschland 1,3 Millionen Kinder geboren. 2003 waren es nur noch 706.000.
   →

7. Rund 39 Prozent der 40.000 Befragten im Alter zwischen 18 und 49 Jahren begründeten ihren Verzicht mit der Angst um den Job.
   →

8. Daher scheint, <u>so ein Gutachten des Bundesfamilienministeriums</u>, ein Studium bei Frauen der sicherste Weg in die Partner- und Kinderlosigkeit zu sein.

→ *Wie ein Gutachten …* berichtet

→ *Laut …* einer Gutachten des Bundesfamili

9. Er will sich am 17. Januar mit der Familienministerin, dem DGB-Vorsitzenden und anderen Familien-Engagierten treffen, <u>um nach Lösungen für die millionenfache Kinderverweigerung zu suchen</u>.

(zwecks/mit dem Ziel) → zwecks Suchung nach Lösungen für die millionenfache Kinderverweiger

10. Selbst <u>über die Höhe des Kindergeldes</u> entscheidet das Finanzressort.

→ Selbst entscheidet das Finanzressort darüber, ~~dass~~ ~~warum~~ wie hohe das Kindergeld ~~ist~~ sein soll

11. <u>Auf den massenhaften Baby-Verzicht</u> gibt es keine einfachen Antworten.

→ Es gibt keine einfachen Antworten darauf, ~~dass~~ warum man massenhaft auf Baby verzicht.

12. Kinder <u>werden</u> von großen Teilen unserer Gesellschaft als Störfaktor <u>empfunden</u>.

→ Große Teilen unserer Gesellschaft empfinden Kinder als Störfaktor

13. <u>Nach Ansicht der Opposition</u> sind die Umfrageergebnisse für die Regierung eine Blamage.

Die Opposition ist der Ansicht

~~Wie~~ ~~Laut~~ Wie die Opposition ansicht? meinen,
dass die Umfrageergebnisse für die Regierung eine Blamage sind.

14. „Mit einer ideologischen Fixierung <u>auf institutionelle Unterbringung der Kinder</u>“ sei niemandem gedient, mahnt Baden-Württembergs Ministerpräsident Erwin Teufel.

→ darauf, dass Kinder institutionell unterbracht werden.

15. Der Politiker fordert <u>mehr Akzeptanz für Kinder</u>.

→ fordert, dass man mehr Akzeptanz für Kinder geben

dass man ~~besser~~ Kinder besser akzeptieren

7 Die Ungewöhnliche

Emanzipiertes Deutschland?

[1] Schaut man sich in den oberen Etagen von Naturwissenschaft und Forschung um, könnte man das bezweifeln. Frauen sind hier dünn gesät – umso mehr fallen die wenigen auf, die es bis dorthin geschafft haben. Etwa Ina Schieferdecker (38), einzige Professorin an der Fakultät der Elektrotechnik und Informatik der Technischen Universität Berlin. Doch sie sieht ihre Rolle zuversichtlich. „Als Frau habe ich immer eher Vorteile gehabt", sagt sie. „Wenn man eine gewisse Schwelle erst einmal überschritten hat, wird man als Frau stärker gefördert."

[2] Für ihren Erfolg, die Fehlerrate von Computer-Software zu minimieren, wurde sie 2004 mit dem Alfred-Krupp-Förderpreis ausgezeichnet. Gab es bislang zwei bis drei Fehler auf 1.000 Zeichen, so sind es heute – dank Schieferdecker – nur noch ein bis zwei. „Software-Programme wie Windows haben meist über eine Million Zeichen, da bedeutet das schon einen riesigen Unterschied", erklärt sie. Dennoch kam die Auszeichnung wie aus heiterem Himmel. „Ich war gerade in einem Gespräch mit einem Studenten, als ich plötzlich ein Telegramm erhielt", schmunzelt sie. „Da wusste ich, es musste sich um etwas Wichtiges handeln – und war sprachlos, als ich es las."

[3] Ihr beruflicher Weg war ziemlich geradlinig: Sie promovierte mit 27 Jahren, hielt mit 28 ihre ersten Vorlesungen und schaffte mit 37 Jahren den Sprung von der Arbeitsgruppenleiterin zur Professorin. Heute wechselt die Informatikerin zwischen dem Fraunhofer-Institut für offene Kommunikationssysteme (FOKUS) und der Universität hin und her – am FOKUS forscht sie, an der Universität hat sie einen Lehrauftrag. Eine steile Karriere für jemanden, der nach eigenen Angaben nie auf bestimmte Positionen hingearbeitet hat. „Karriere kann sogar recht hinderlich sein, wenn man forschen will", meint Schieferdecker. „Denn je höher die Position ist, desto mehr Verwaltungskram kommt dazu." Dennoch, eine unbefristete Professur wünscht sie sich schon für die Zukunft. Und das am liebsten in Berlin, der Stadt, in der sie seit ihrer Geburt lebt – nur unterbrochen von einem dreimonatigen Aufenthalt in Berkeley, Kalifornien. Ina Schieferdecker liebt diese pulsierende Stadt. „Zudem waren die beruflichen Angebote in Berlin immer spannender als anderswo", sagt sie mit einer gewissen Erleichterung.

[4] Was zieht sie an der Forschung immer wieder in den Bann? „Es ist faszinierend, wie sich Beobachtungen auf reale Gesetzmäßigkeiten zurückführen lassen. Die Wissenschaft ist kein Job, bei dem man sich auf eingefahrenen Gleisen bewegt." Und sie ist ein Job, bei dem man Enttäuschungen in Kauf nehmen muss. „Es ist schon ernüchternd, in eine Sackgasse zu laufen. Aber sobald es wieder klappt, ist die Sackgasse vergessen."

[5] Früher hat Schieferdecker viel musiziert: Gitarre und Akkordeon. „Heute reicht die Zeit dafür nur noch an Weihnachten", bedauert sie. „Zu größeren privaten Sachen kommt man nicht mehr mit zwei Töchtern und einem berufstätigen Mann. Insgesamt klappt es aber sehr gut, trotz mancher kleineren Reibereien." Das könnte forschungsbegeisterten Frauen Hoffnung geben, Kind und Karriere unter einen Hut zu bringen und damit Frauengesichter in den Chefetagen endlich häufiger machen.

Quelle: Bild der Wissenschaft 6/2005, S. 40

7.1 Leseverstehen und Wortschatz

1. Versuchen Sie, den Titel des Texts zu erklären. (1 – 2 Sätze)

___

___

2. Was erfahren wir im Text über die berufliche und wissenschaftliche Laufbahn von Ina Schieferdecker? (2 – 3 Sätze)

___

___

___

3. Welche beruflichen Tätigkeiten übt sie aus? (Stichpunkte)

___

___

4. Für welche wissenschaftliche Leistung hat sie einen Preis bekommen?

___

5. Formulieren Sie Überschriften für die einzelnen Textabschnitte.
   Abschnitt [1]: ___
   Abschnitt [2]: Dank Sch nimmt die Fehlerrate der C-Sof ab.
   Abschnitt [3]: ___
   Abschnitt [4]: ___
   Abschnitt [5]: ___

6. Was für eine Einstellung hat Ina Schieferdecker gegenüber Berlin und warum? (1 – 2 Sätze)

___

___

7. Welche Informationen liefert der Text über ihr Privatleben? (1 – 2 Sätze)

___

___

8. Mehrere Ausdrücke im Text haben einen metaphorischen Charakter, bzw. einen übertragenen Sinn. In den meisten Fällen kann man ihre Bedeutung mit Hilfe des Kontexts und mit etwas Phantasie erschließen – und zwar ohne Wörterbuch!
   I Versuchen Sie, die makierten Ausdrücke zu erklären oder anders zu formulieren.
   a) Was *zieht* sie an der Forschung immer wieder *in den Bann*? (Abschnitt 4)

   ___

   ___

   b) Es ist schon ernüchternd, *in eine Sackgasse zu laufen*. (Abschnitt 4)

   ___

   ___

II Suchen Sie die Sätze oder Wendungen, die signalisieren:

a) dass der Alfred-Krupp-Förderpreis für Ina *sehr überraschend* kam;

______

b) dass Frauen in *Spitzenpositionen* in der Naturwissenschaft und Forschung *schwach vertreten* sind;

______

c) dass man in der Forschung immer wieder mit *unerwarteten Entwicklungen* zu rechnen hat;

______

d) dass das Leben von Ina Schieferdecker ein ermutigendes Beispiel für die Möglichkeit ist, *Familie und Beruf zu vereinbaren.*

______

9. Suchen Sie Synonyme im Text:

Abschnitt [1]: a) unterstützen, helfen ______

b) Hindernis, Hürde, Grenze ______

Abschnitt [2]: a) lächeln ______

Abschnitt [3]: a) Lehrveranstaltung, Vortrag ______

b) Promotionsstudium abschließen/ Doktorprüfung ablegen ______

c) störend ______

d) Bürokratie/bürokratische Arbeit ______

Abschnitt [5]: a) Streit, Streitereien, Zoff ______

10. Welche Adjektive charakterisieren im Text die Karriere/den beruflichen Weg von Ina Schieferdecker?

______

7.2 Strukturen: Übersicht

7.2.1 Die indirekte Rede (Vergangenheitstempora)

Aktiv (Präteritum, Perfekt, Plusquamperfekt)

„Nach der Promotion blieb ich in Berlin."
„Nach der Promotion bin ich in Berlin geblieben."
„Nach der Promotion war ich in Berlin geblieben."

→ Nach der Promotion sei sie in Berlin geblieben.

„Danach blieben wir in Berlin."
„Danach sind wir in Berlin geblieben."
„Danach waren wir in Berlin geblieben."

→ Danach seien sie in Berlin geblieben.

„Ich hielt mit 28 meine ersten Vorlesungen."
„Ich habe mit 28 meine ersten Vorlesungen gehalten."
„Ich hatte mit 28 meine ersten Vorlesungen gehalten."

→ Sie habe mit 28 ihre ersten Vorlesungen gehalten.

„Dort hielten wir unsere ersten Vorlesungen."
„Dort haben wir unsere ersten Vorlesungen gehalten."
„Dort hatten wir unsere ersten Vorlesungen gehalten."

→ Dort hätten sie ihre ersten Vorlesungen gehalten.

Modalverben (Präteritum, Perfekt, Plusquamperfekt)

„Schon mit 28 durfte ich Vorlesungen halten."
„Schon mit 28 habe ich Vorlesungen halten dürfen."
„Schon mit 28 hatte ich Vorlesungen halten dürfen."

→ Schon mit 28 habe sie Vorlesungen halten dürfen.

Passiv (Präteritum, Perfekt, Plusquamperfekt)

„Danach wurde mir ein Lehrauftrag erteilt."
„Danach ist mir ein Lehrauftrag erteilt worden."
„Danach war mir ein Lehrauftrag erteilt worden."

→ Danach sei ihr ein Lehrauftrag erteilt worden.

7.3 Strukturen: Aufgaben

I Verwandeln Sie die direkte Rede in die indirekte Rede (s. 6.2.1, s. 7.2.1).

Abschnitt [1]:

a) *Sie sagt, dass sie als Frau …* immer eher Vorteile gehabt habe

b) *Wenn man …* eine gewisse Schwelle erst einmal überschritten habe, werde man - - - - - ..

Abschnitt [2]:

a) *Sie erklärt, dass Software-Programme …* wie Windows hätten . , da bedeute.

b) *Dennoch kam die Auszeichnung wie aus heiterem Himmel. Sie erzählt, dass sie gerade in einem Gespräch …* mit ~~sei~~ gewesen . sei , sie . . ~~erhielt~~ erhalten habe .

c) *Da …* gewusst ~~sie~~ , es habe , - - - handeln müssen habe sie

Abschnitt [3]:
a) *Schieferdecker meint, Karriere ...*

b) *Denn je höher die Position ...*

c) *Mit einer gewissen Erleichterung sagt sie, dass die beruflichen Angebote in Berlin ...*

Abschnitt [4]:
a) *Auf die Frage, was sie an der Forschung immer wieder in den Bann zieht, antwortet sie, dass ...*

b) *Die Wissenschaft ...*

c) *Es sei schon ernüchternd ...*

Abschnitt [5]:
a) *Sie bedauert, dass heute die Zeit dafür nur noch ...*

b) *Zu größeren privaten Sachen ...*

c) *Insgesamt ...*

II Worauf beziehen sich die folgenden Wörter?

a) „das" (Z. 2) ________________________________
b) „die" (Z. 3) ________________________________
c) „es" (Z. 15, *„als ich es las"*) ________________________________
d) „das" (Z. 25) ________________________________
e) „es" (Z. 32) ________________________________
f) „dafür" (Z. 36) ________________________________

III Transformieren Sie die folgenden Sätze, ohne ihren Sinn zu verändern.

1. Wenn man eine gewisse Schwelle erst einmal überschritten hat, wird man als Frau stärker gefördert.

   → Bei dem Überschritten einer gewissen Schwelle,

2. Für ihren Erfolg, die Fehlerrate von Computer-Software zu minimieren, wurde sie 2004 mit dem Alfred-Krupp-Förderpreis ausgezeichnet.

   → zeichnet man die Fehlerrate 2004 mit dem Alfred-K-F. aus

3. Gab es bislang zwei bis drei Fehler auf 1.000 Zeichen, so sind es heute – dank Schieferdecker – nur noch ein bis zwei.

   →

4. Schaut man sich in den oberen Etagen von Naturwissenschaft und Forschung um, könnte man das bezweifeln.

   →

5. Und das am liebsten in Berlin, der Stadt, in der sie seit ihrer Geburt lebt.

   → in der sie lebt, Saitdem sie gebohren. wurde

6. Es ist faszinierend, wie sich Beobachtungen auf reale Gesetzmäßigkeiten zurückführen lassen.

   → wie sind B - - - - zurückzuführen.

7. Insgesamt klappt es aber sehr gut, trotz mancher kleineren Reibereien.

   (obwohl) → , Obwohl gibt es macher kleineren Rei hat.

   (trotzdem) → trotzdem klappt es aber sehr gut

8 *Falcarius utahensis*: Vegetarier oder räuberischer Fleischfresser?

Neue Fossilienfunde deuten auf den Wandel zur vegetarischen Ernährung

[1] Dinosaurier – der Name der vor etwa 65 Millionen Jahren ausgestorbenen Tierart bedeutet aus dem Griechischen übersetzt „gewaltige, furchtbare Eidechse" (gr. *deinos* „furchtbar" und *sauros* „Eidechse"). Die Zeitspanne, in der diese vor ungefähr 200 Millionen Jahren aufgetauchte Spezies die Erde bewohnte, umfasst mehrere Stufen des zwischen Paläozoikum und Neozoikum liegenden Erdzeitalters Mesozoikum: Dinosaurier lebten seit der *Trias* genannten Periode (Anfang vor ca. 225 Millionen Jahren), während des *Jura* (Anfang vor ca. 195 Millionen Jahren) und bis zum Ende der *Kreidezeit* (Anfang vor ca. 140 Millionen Jahren, Ende vor ca. 65 Millionen Jahren). Eine der zahlreichen Theorien über ihr Aussterben geht davon aus, dass ein ins Meer gestürzter Meteorit plötzliche Klimaveränderungen auslöste, denen sich die Dinosaurier nicht schnell genug anpassen konnten, was zum Artensterben führte.

[2] Aufgrund der relativ gut erhaltenen Knochenskelette weiß die Forschung heute relativ viel über ihr Aussehen und ihre Lebensweise. Doch neu entdeckte Fossilien – d. h. versteinerte Überreste von Lebewesen vergangener Erdzeitalter – liefern immer wieder neue, wertvolle Informationen über diese faszinierende Tierart und modifizieren die bestehenden.

[3] So zeigt z. B. *Falcarius utahensis*, ein im US-Staat Utah gefundener Dinosaurier, die Evolution dieser Tiere zu Vegetariern. Die Spezies ernährte sich zwar von Pflanzen, so die Forscher im Fachmagazin „Nature", sie weist aber noch die Knochen eines Raubtiers auf. Die kräftig gebauten Saurierbeine waren offensichtlich dazu geschaffen, hinter Beute herzujagen.

[4] Alle Pflanzen fressenden Saurier stammen ursprünglich von Raubtieren, d. h. von Fleischfressern, ab. Der vor 125 Millionen Jahren lebende *Falcarius utahensis* könnte der Fachwelt dabei helfen, diesem bisher nicht so leicht zu erklärenden Wandel der Ernährungsweise auf die Spur zu kommen. Der Falcarius gehört zu den Therizinosauriern, die bislang als reine Pflanzenfresser betrachtet wurden und aus denen sich die Vögel entwickelten. Der aufrecht laufende Saurier stand auf den starken Hinterbeinen seiner Fleisch fressenden Vorfahren und besaß andererseits den langen Hals eines Pflanzenfressers. Die merkwürdig aussehende Art hatte 13 Zentimeter lange Krallen an langen Klauen und wird aus diesem Grund *Falcarius utahensis* genannt: „Sichelmacher" oder „Sensenschmied" von Utah. Das von der Schnauze bis zum Schwanz fast vier Meter lange Tier – so der Paläontologe James Kirkland in „Nature" – war imstande, Äste in einer Höhe von 1,50 Metern zu erreichen.

[5] Der Falcarius hatte außerdem ein breites Becken und vermutlich einen „größeren Darm, um Pflanzen verdauen zu können, und außerdem einen Kopf, der mit Pflanzenfressern assoziiert wird", erklärt die Forscherin Lindsay Zanno, die den Saurier mit Kirkland an der Universität in Salt Lake City untersucht. Auch die gezackten Zähne besaß der Falcarius nicht mehr, stattdessen wurden sie zu Pflanzen zermalmenden Zähnen, die etwa Iguanas kennzeichnen – eine Reptilienfamilie, deren Vertreter sich ebenfalls von einer Mischkost-Diät ernähren.

[6] Wie der Paläontologe James Kirkland annimmt, waren die vier Meter langen „Sichelmacher“ keine reinen Vegetarier, sondern sie aßen zusätzlich auch ein wenig Fleisch: „Ich habe keine Zweifel, dass das Ding auch ein oder zwei Eidechsen in einem Happs fressen konnte.“

[7] Zudem spricht der Fossilienfund gegen die Hypothesen, die die Heimat dieser Spezies auf Asien beschränken. Da ihre Vertreter bisher lediglich in China auftauchten, galt Asien lange als Heimstätte dieser Dinosaurier. Nun haben wir es aber mit Skelettüberresten Hunderter, gar Tausender Saurier zu tun, die südlich der Stadt Green River in Utah entdeckt wurden. „Niemand weiß, warum sie sich da versammelten oder was sie tötete“, betont James Kirkland. Fest steht aber, dass mit dem *Falcarius utahensis* zum ersten Mal ein Angehöriger der Familie der Therizinosaurier aus der frühen Kreidezeit auf nordamerikanischem Boden gefunden wurde.

Nach: Welt Kompakt, 6. Mai 2005, S. 11

8.1 Leseverstehen und Wortschatz

1. Nennen Sie stichwortartig drei Charakteristika, die den *Falcarius* als Pflanzenfresser auszeichnen.

2. Im Zusammenhang mit den Iguanas (5. Abschnitt) ist von einer *Mischkost-Diät* die Rede. Erklären Sie den Ausdruck aus dem Kontext.

3. Zu welcher Dinosauriergruppe gehört der *Falcarius utahensis* und was erfährt man im Text über die Heimstätte dieser Gruppe? Antworten Sie in drei bis vier zusammenhängenden Sätzen.

4. Weshalb gelten kräftige Hinterbeine als ein typisches Fleischfressermerkmal? (1 Satz)

5. Wie wird das Aussterben der Dinosaurier im Text erklärt? (1 – 2 Sätze).

Ein ins Meer gestürztor Meteorit verursachen die plötzliche Klimaveränderungen, aber sie kann nicht schnell genug appasen.

6. Ergänzen Sie die folgende Grafik:

Paläozoikum

Erdzeitalters → Trias | Jura | Kreidezeit

Neozoikum

7. Suchen Sie im Text Synonyme für die folgenden Wörter.

Abschnitt [1]: a) verursachen, bewirken ausgehen von
(2 Synonyme) ____________________
b) Art, Gattung ____________________

Abschnitt [2]: a) Wissenschaft ____________________
b) verändern ____________________

Abschnitt [3]: a) gejagtes Tier, Gewinn bei Jagd/Krieg/Einbruch ____________________

Abschnitt [5]: a) wahrscheinlich ____________________
b) erläutern, begründen ____________________
c) erforschen ____________________

Abschnitt [7]: a) nur ____________________
b) Annahme ____________________

8. Worauf beziehen sich „die bestehenden“ im Abschnitt [2] und „das Ding“ im Abschnitt [6]?

____

9. Nennen Sie Antonyme (Wörter mit entgegengesetzter Bedeutung) für „Pflanzenfresser“ und „Vorfahren“.

____

10. Wie lauten die entsprechenden Verben?

a) Assoziation asso
b) Ernährung ernähren sich
c) Vermutung Vermuten
d) Versammlung versammeln
e) Fund finden
f) Zweifel zweifeln
g) Tod töten
h) Sturz stürzen

8.2 Strukturen: Übersicht

8.2.1 Linksattribute und Relativsätze: Partizip I

Relativsatz	Linksattribut
a) Der Saurier, der aufrecht lief, stand auf den starken Hinterbeinen seiner Vorfahren, die Fleisch fraßen.[1)] (nicht abgeschlossene Handlung/ Zustand)	Der aufrecht *laufende* Saurier stand auf den starken Hinterbeinen seiner Fleisch *fressenden* Vorfahren.

[1)] Der Gebrauch der Zeiten (Präsens, Präteritum) im Relativsatz ist zum Teil vom Hauptsatz, zum Teil aber auch vom Kontext abhängig.

8.2.2 Linksattribute und Relativsätze: Partizip II

Relativsatz	Linksattribut
a) Der Name der Tierart, die vor etwa 65 Millionen Jahren ausgestorben ist, bedeutet „gewaltige, furchtbare Eidechse". (abgeschlossene Handlung)	Der Name der vor etwa 65 Millionen Jahren *ausgestorbenen* Tierart bedeutet „gewaltige, furchtbare Eidechse".
b) Die Fossilien, die neulich in Utah entdeckt wurden, zeigen, dass wir über diese Saurierart noch viel zu lernen haben. (Vorgangspassiv)	Die neulich in Utah *entdeckten* Fossilien zeigen, dass wir über diese Saurierart noch viel zu lernen haben.
c) Es handelt sich um eine Tierart, die ernsthaft bedroht ist. (Zustandspassiv)	Es handelt sich um eine ernsthaft *bedrohte* Tierart.

8.2.3 Linksattribute und Relativsätze: Partizip I vs. Partizip II

Wenn das Relativpronomen (bzw. sein Referent*) Subjekt eines passivischen Satzes ist, wird das Linksattribut mit Partizip II gebildet (s. 8.2.2 b und c).
Ist das Relativpronomen jedoch Subjekt eines aktivischen Satzes, werden Linksattribute in bestimmten Fällen mit Partizip I, in anderen mit Partizip II gebildet (s. 8.2.1 a und 8.2.2 a).

> die Tierart, die allmählich ausstirbt → die allmählich aussterbende Tierart (Partizip I)
> die Tierart, die schon längst ausgestorben ist → die schon längst ausgestorbene Tierart (Partizip II)

*Referent = Nomen, auf das sich das Relativpronomen bezieht

Entscheidend ist dabei die durch das Verb ausgedrückte Handlung:

a) PARTIZIP I: dauernde/noch nicht abgeschlossene Handlung, Zustand oder Vorgang, der gleichzeitig mit der Hauptsatzhandlung verläuft (das ruhig *schlafende* Kind)

b) PARTIZIP II : einmalige/punktuelle/in der Vergangenheit abgeschlossene Handlung, abgeschlossene Orts- oder Zustandsveränderung (das vor zwei Stunden *eingeschlafene* Kind)

8.2.4 Modales Partizip (*zu* + Partizip I)

Die Bedeutung des modalen Partizips entspricht der Bedeutung der Passivkonstruktionen mit Modalverb („muss gemacht werden"/„kann gemacht werden" ...).

Das modale Partizip lässt sich dementsprechend in Relativsätze mit Passiv und Modalverb bzw. in die entsprechenden Passiv-Paraphrasen überführen (s. 1.2.4).

Beispiele:

Bedeutung: „kann gemacht werden"

Der *Falcarius utahensis* könnte der Fachwelt dabei helfen, diesen bisher nicht so leicht nachzuweisenden Wandel der Ernährungsweise zu verstehen.

a) ... diesen Wandel der Ernährungsweise, *der bisher nicht so leicht nachgewiesen werden konnte*, zu verstehen.
b) ... diesen Wandel der Ernährungsweise, *den man bisher nicht so leicht nachweisen konnte*, zu verstehen.
c) ... diesen Wandel der Ernährungsweise, *der sich bisher nicht so leicht nachweisen ließ*, zu verstehen.
d) ... diesen Wandel der Ernährungsweise, *der bisher nicht so leicht nachzuweisen war*, zu verstehen.
e) ... diesen Wandel der Ernährungsweise, *der bisher nicht so leicht nachweisbar war*, zu verstehen.

Bedeutung: „muss gemacht werden"

Außerdem erwähnt der Forscher das noch zu lösende Problem der Evolution dieser Spezies.

Außerdem erwähnt der Forscher *das Problem der Evolution dieser Spezies,*
a) das noch gelöst werden muss.
b) das man noch lösen muss.
c) das noch zu lösen ist.

8.3 Strukturen: Aufgaben

I Wandeln Sie die markierten Satzteile in Relativsätze bzw. in Linksattribute um.

1. Die bizarr aussehende Spezies hatte 13 Zentimeter lange Krallen.
   → Die Spezie, die bizarr ~~aussehet~~ aussah, hatte.

2. Diese Zeitspanne umfasst mehrere Stufen des zwischen Paläozoikum und Neozoikum liegenden Erdzeitalters Mesozoikum: Dinosaurier lebten seit der *Trias* genannten Periode, während des *Jura* und bis zum Ende der *Kreidezeit*.
   → der Trias, ~~der~~ die Periode genannt wird.

3. Ein ins Meer gestürzter Meteorit löste plötzliche Klimaveränderungen aus, denen sich die Dinosaurier nicht schnell genug anpassen konnten.
   → Ein Meteorit, der ins Meer ~~stürzte~~ gestürzt wird war.

4. Aufgrund der relativ gut erhaltenen Knochenskelette weiß die Forschung heute relativ viel über ihr Aussehen und ihre Lebensweise.
   → Aufgrund der Knochenskelette, die relativ gut erhaltet hat ~~sind~~ ~~werden~~,

5. Doch neu entdeckte Fossilien liefern immer wieder neue, wertvolle Informationen über diese faszinierende Tierart.
   → Doch Fossilien, die neu entdeckte werden.

6. So zeigt z. B. ein im US-Staat Utah gefundener Dinosaurier die Evolution dieser Tiere zu Vegetariern.
   → So zeigt z.B. ein Dinosaurier, der im US-Staat gefunden ~~wurde~~, wurde.

7. Die kräftig gebauten Saurierbeine waren offensichtlich dazu geschaffen, hinter Beute herzujagen.
   → Die Saurierbeine, die kräftig gebaute ~~werden~~ wurden.

8. Alle Pflanzen fressenden Saurier stammen ursprünglich von Raubtieren, d.h. von Fleischfressern, ab.
   → Alle ~~Pflan~~ Saurier, die Pflanzen fressen,.

9. Der vor 125 Millionen Jahren lebende *Falcarius utahensis* könnte der Fachwelt dabei helfen, den rätselhaften Wandel der Ernährungsweise zu erklären.
   → Der F-u, der vor 125 Million Jahren lebent

10. Der Falcarius gehört zu den Therizinosauriern, die bislang als reine Pflanzenfresser betrachtet wurden.

→ , den bis .... betrachteten T

11. Das von der Schnauze bis zum Schwanz fast vier Meter lange Tier war imstande, Äste in einer Höhe von 1,50 Metern zu erreichen.

→ Das Tier, das von ...., ist, was

12. Der Falcarius hatte einen Kopf, der oft mit Pflanzenfressern assoziiert wird.

→ einen oft .... assoziierten Kopf.

13. Das erklärte die Forscherin Lindsay Zanno, die den Saurier mit Kirkland an der Universität in Salt Lake City untersucht.

→ die .... untersuchende For

14. Auch die gezackten Zähne besaß der Falcarius nicht mehr, stattdessen wurden sie zu Pflanzen zermalmenden Zähnen, die etwa Iguanas kennzeichnen.

→ zu. ~~die~~ den etwa Iguanas kennzeichneten ~~werden~~

15. Nun haben wir es aber mit Skelettüberresten Hunderter, gar Tausender Saurier zu tun, die südlich der Stadt Green River in Utah entdeckt wurden.

→ , gar Tausender südlich der .... entdeckten

entdeckte Saurier

16. Es bleibt die noch zu beantwortende Frage nach der genauen Ursache ihres Aussterbens.

→ die Frage, die noch beantwortet werden. sollen. muss

II Formulieren Sie die folgenden Sätze um, ohne ihren Sinn zu verändern.

1. Eine der zahlreichen Theorien über ihr Aussterben geht davon aus, dass ein ins Meer gestürzter Meteorit plötzliche Klimaveränderungen auslöste.

→ darüber, wie sie ausstarben,

2. Aufgrund der relativ gut erhaltenen Knochenskelette weiß die Forschung heute relativ viel über ihr Aussehen und ihre Lebensweise.

→ *Da* ... die Knochenskelette relativ gut ~~erhalten~~ sind erhalten

darüber, wie ihr Aussehen und ihre Lebensweise sind.

dieser Tiere zu Vegetariern evoluierten.

3. So zeigt z. B. *Falcarius utahensis* die Evolution dieser Tiere zu Vegetariern.

→ , wie ist evolutierten entwickelten sich

4. Die Spezies ernährte sich zwar von Pflanzen, sie weist aber noch die Knochen eines Raubtiers auf.

(obwohl) → Obwohl sich die ... ernährte, weist sie.

(trotzdem) → , trotzdem sie ...

Die S ernäh- ... , . trotzdem weist sie

5. *Falcarius utahensis* könnte der Fachwelt dabei helfen, den rätselhaften Wandel der Ernährungsweise zu erklären.

→ helfen bei der Erklärung des ... auf

6. Das fast vier Meter lange Tier – so der Paläontologe James Kirkland in „Nature“ – war imstande, Äste in einer Höhe von 1,50 Metern zu erreichen.

→ *Wie der Paläontologe ...* J in Nature berichtet,

7. Der Falcarius hatte außerdem ein breites Becken und vermutlich einen größeren Darm, um Pflanzen verdauen zu können.

→ zu Verdauung von Pflazen.

8. Wie der Paläontologe James Kirkland annimmt, waren die vier Meter langen „Sichelmacher“ keine reinen Vegetarier.

→ *Laut ...* der Annahmen des Palöontologe

9. Da ihre Vertreter bisher lediglich in China auftauchten, galt Asien lange als Heimstätte dieser Dinosaurier.

(denn) → Asien galt lange als Heimstätte ... , denn.

10. „Niemand weiß, warum sie sich da versammelten oder was sie tötete“, betont James Kirkland.

→ *James Kirkland betont, dass ...* Niemand wisse, warum sie sich da versammelt hätten, oder was sie getötet habe.

III Worauf beziehen sich die folgenden Wörter?

a) „ihre“ (Z. 46) ______________________________

b) „da“ (Z. 49) ______________________________

9 Anfänge der Weltraumforschung

[1] Seit langer Zeit träumt der Mensch davon, das Weltall zu erobern. So stellte sich etwa Jules Verne in seinem Buch „Reise um den Mond“ vor, in einer riesigen Kanonenkugel ins All abgefeuert zu werden.

[2] Doch in Wirklichkeit sind die Dinge bei weitem nicht so einfach wie in der Phantasie. Eine der größten Schwierigkeiten der Raumfahrt bestand darin, das so genannte Schwere- oder Gravitationsfeld der Erde zu verlassen.

[3] Einen wesentlichen Beitrag zum Verständnis der Gravitation leistete der englische Naturwissenschaftler Isaac Newton (1642 – 1727). Aufgrund seiner Beobachtungen der Naturvorgänge ist er zu dem Ergebnis gekommen, dass der Mond von derselben Kraft in seiner Umlaufbahn gehalten werden muss, die den Apfel vom Baum fallen lässt, Lebewesen und Gegenstände zum Boden hinzieht und ihnen Gewicht gibt.

[4] Um Flüge ins Weltall zu ermöglichen, galt es, eine entgegengesetzte Kraft zu finden, die die Gravitation im Gleichgewicht hält und erlaubt, vom Erdboden abzuheben.

[5] Die Maschinen, die in der Lage sind, ein Raumfahrzeug mit einer derartigen Kraft in Bewegung zu setzen, sind die Raketen, die nach dem „dritten newtonschen Gesetz“, dem Prinzip der Aktion und Reaktion, funktionieren: Durch die verbrennenden Treibstoffe werden Gase nach hinten ausgestoßen (Aktion), was wiederum einen Schub in die entgegengesetzte Richtung – also nach vorne, etwa in Richtung Weltall – bewirkt (Reaktion). Mit Hilfe einer solchen Kraft, die mehrere Raketen erzeugten, die eine nach der anderen gezündet wurden, ist am 4. Oktober 1957 der erste Satellit namens Sputnik 1 (Russisch: „Reisegefährte“) ins Weltall geschossen worden. In rund anderthalb Stunden umkreiste er die ganze Weltkugel.

[6] Die Frage, die man sich zu jener Zeit immer wieder stellte, nämlich ob man außer Satelliten auch Menschen ins All schicken könnte, wurde nach diesem ersten Schritt noch aktueller. Und schon am 3. November wurde die sibirische Hündin Laika als erstes in den Orbit geschossenes Lebewesen zur Wegbereiterin für die ersten bemannten Raumfahrtmissionen. Zwar wurden Tiere schon lange vor der russischen Hündin in den Weltraum geschickt – so flogen etwa 1783 ein Widder und ein Hahn im Luftballon der Brüder Montgolfier –, doch im Unterschied zu Laika, die aus der Erdatmosphäre heraus ins Weltall eintrat, flogen diese lediglich innerhalb der Erdatmosphäre.

[7] Laut offiziellen sowjetischen Angaben soll Laika nach ihrer Weltraumreise eingeschläfert worden sein – doch nach anderen Quellen verendete die Hündin schon kurz nach ihrem Start. So wurde beispielsweise 2002 auf einem Weltraumkongress berichtet, dass das Tier bereits nach wenigen Stunden an Überhitzung und Aufregung starb. Nach Angaben verschiedener Tierschutzvereine, die übrigens öfters den Ethikmangel in der Raumfahrt beklagen, dürften auch zahlreiche andere Tiere im Anschluss an Laikas Reise in der Atmosphäre verglüht sein, bis am 12. April 1961 der russische Kosmonaut Juri Gagarin als erster Mensch an Bord der Raumkapsel Vostok (Russisch: „Ost“) ins Weltall flog. Die Entscheidung darüber, wer an Bord des ersten bemannten Raumfahrzeugs reisen durfte, soll erst in der Nacht vor dem Abflug getroffen worden sein, so dass es Gagarin vor seiner Weltraumexpedition nicht mehr geschafft haben soll, seine Familie in Kenntnis von seiner Unternehmung zu setzen.

[8] Der Raumfahrtwettbewerb zwischen der Sowjetunion und den USA gestaltete sich in

der Zeit des Kalten Kriegs besonders intensiv: So führte schon einige Wochen nach Gagarin, am 5. Mai 1961, der erste US-Amerikaner im Weltall, Alan Shepard, einen 16-minütigen Weltraumflug durch – allerdings ohne eine vergleichbare Leistung zu erbringen, handelte es sich doch lediglich um einen suborbitalen Flug, der die Umlaufbahn der Erde nicht erreichte.

[9] Drei Wochen später hielt der US-Präsident John F. Kennedy seine berühmt gewordene Rede, in der er versprach, noch vor Ende desselben Jahrzehnts Menschen auf den Mond zu schicken und sicher zur Erde zurückzubringen. Und tatsächlich landete schon am Abend des 20. Juli 1969 Apollo 11 auf dem Mond – ein Ereignis, das in der ganzen Welt Beachtung fand. Neil Armstrong betrat den Mond mit dem legendär gewordenen Spruch: „Ein kleiner Schritt für einen Menschen, aber ein gewaltiger Sprung für die Menschheit."

[10] Das Wettrennen um die Fortschritte in der Weltraumforschung hat heute neue Formen angenommen. So wurden inzwischen zahlreiche internationale Weltraumprojekte in Gang gesetzt, bei denen die ehemaligen Konkurrenten zusammenarbeiten. Die unbemannten Weltraumsonden, die u. a. den Mars erkundeten, brachten zwar immer wieder ernüchternde Hinweise darauf, dass wir allein im Sonnensystem sind, doch weder enttäuschende Weltraumforschungsergebnisse noch menschliche Opfer oder gewaltige materielle Ausgaben vermögen den Menschen davon abzubringen, seiner angeborenen Neugier und seinem Forschungsdrang nachzugehen.

9.1 Leseverstehen und Wortschatz

1. In welchem Abschnitt
   a) wird eine Erklärung der Schwerkraft gegeben,
   b) werden die Funktionsweise und der Einsatz der Raketen beschrieben?

   3
   5

2. Fassen Sie in eigenen Worten die Funktionsweise der Raketen nach dem Prinzip der Aktion und Reaktion zusammen. (2 – 3 Sätze)

   Aktion: die verbrennende Treibstoffe stoßen Gase nach hinten aus. Außerdem bewegt ein Schub in der entgegengesetzte Richtung

3. Fassen Sie den Unterschied zwischen dem Weltraumflug von Laika und den Flügen anderer Tiere in Stichpunkten zusammen.

   Laika: außerhalb der Erdatomsphäre

   Andere Tiere: innerhalb der Erdatomsphäre.

4. Was erfahren wir im Text über den Tod von Laika? (1 – 2 Sätze)

5. Wann erfuhr Gagarin von der bevorstehenden Weltraumreise?

6. Welches Wort bzw. welcher Satzteil im vorletzten Abschnitt deutet darauf hin, dass das „Versprechen“ von Kennedy eingelöst wurde?

7. Erklären Sie die Ausdrücke *bemannt* (Z. 27) und *unbemannt* (Z. 60) mit Hilfe der Wortbildung.

8. Suchen Sie Synonyme im Text:

Abschnitt [1]: a) Weltraum

b) sehr groß, gigantisch

Abschnitt [3]: a) Sachen, Dinge

b) wichtig, von Bedeutung, essenziell

c) Resultat

Abschnitt [5]: a) auslösen/hervorrufen

b) bewegen

Abschnitt [10]: a) erforschen, untersuchen

b) von Natur aus/von Geburt an vorhanden

9.2. Wortschatz/Strukturen: Übersicht

9.2.1 Funktionsverbgefüge (FVG)

Die Maschinen, die in der Lage sind, ein Raumfahrzeug mit einer derartigen Kraft in Bewegung zu setzen, sind die Raketen.

In der Sprache der Wissenschaft und der Verwaltung findet man oft Ausdrücke, die aus einem Verb mit relativ weiter bzw. allgemeiner Bedeutung (***kommen, gehen, setzen, nehmen, stellen***) und einem *Nomen* bestehen: *zum Einsatz kommen, in Erfüllung gehen, in Bewegung setzen.* Diese Ausdrücke bezeichnet man als Funktionsverbgefüge (FVG), das Verb selbst wird Funktionsverb genannt.

Der eigentliche Träger der Bedeutung des FVG ist in der Regel das Nomen; das Verb liefert dagegen meistens zusätzliche Informationen über die Umstände und den Verlauf der

Handlung (Handlungsanfang, dauernde/punktuelle/einmalige Handlung ...).
Das FVG ist eine *feste* Verbindung von Verb und Nomen und kann in seiner Form grundsätzlich nicht mehr verändert werden. So sind z. B. die Präpositionen und der Gebrauch des Artikels innerhalb eines FVG festgelegt und unveränderlich.

Die Bedeutung eines FVG

In vielen (aber nicht allen!) Fällen entspricht die Bedeutung eines FVG im Großen und Ganzen der Bedeutung eines einfachen Verbs.
Die FVG können eine aktivische (1) oder eine passivische (2) Bedeutung haben:

(1) eine Entscheidung treffen – entscheiden,
(2) Anerkennung finden – anerkannt werden

Beispiele für FVG mit aktivischer Bedeutung

Die folgende Liste ist nur ein kleiner Ausschnitt aus den vielen FVG, die im Deutschen gebräuchlich sind.

in Bewegung	*setzen*	*zur Verfügung*	*stellen*
aufs Spiel		*zur Diskussion*	
in Gang		*eine Frage stellen*	
unter Druck		*in Frage stellen*	
in Kenntnis		*einen Antrag auf (...)*	
sich in Verbindung mit (...)		*eine Aufgabe*	

zum Ausdruck	*bringen*	*eine Entscheidung*	*treffen*
zur Sprache		*eine Auswahl*	
zum Abschluss		*Vorbereitung*	
zu Ende		*eine Unterscheidung*	
in Erfahrung		*ein Abkommen*	
in Gefahr		*eine Maßnahme*	
in Ordnung			
in Sicherheit			

Hilfe	*leisten*	*Selbstmord*	*begehen*
Gesellschaft		*eine Straftat*	
einen Beitrag zu (...)		*ein Verbrechen*	
eine Anzahlung		*einen Mord*	
		eine Dummheit	

Mit dieser Vorrichtung kann man den Motor wieder ***in Bewegung setzen***.

Wir müssen uns zunächst mit dem Direktor ***in Verbindung setzen***.

Die Bibliotheksleitung hat uns alle Fachzeitschriften ***zur Verfügung gestellt***.

Haben Sie schon einen ***Antrag auf*** die Zulassung zum Studium ***gestellt***?

Mit dieser Bemerkung hat er seine Unzufriedenheit ***zum Ausdruck gebracht***.

Vor dem Kartenkauf sollten Sie die Eintrittspreise ***in Erfahrung bringen***.

Nach langer Beratung ***traf*** das Gremium ***eine Entscheidung*** zugunsten des zweiten Vorschlags.

Man kann nicht alle empfohlenen Fachwerke lesen; es ist vielmehr ***eine Auswahl*** zu ***treffen***.

Ferdinand de Saussure ***leistete einen*** großen ***Beitrag*** zur Entwicklung der modernen Linguistik.

Vor der Reparatur des Fahrzeugs ist ***eine Anzahlung*** zu ***leisten***.

Minderjährige, die schwere ***Straftaten begehen***, sollten in eine Jugendstrafanstalt eingewiesen werden.

Am 16. Mai 1942 ***beging*** der Dichter ***Selbstmord***.

Beispiele für FVG mit passivischer Bedeutung

Anerkennung	*finden*	*zur Anwendung*	*kommen*
Anwendung		*zum Einsatz*	
Beachtung		*zum Ausdruck*	
Berücksichtigung		*zur Sprache*	

Sein Vorschlag konnte keine ***Berücksichtigung*** mehr ***finden***.
(= konnte nicht mehr berücksichtigt werden).

Die neuen Geräte ***kamen*** in der Fabrik sofort ***zum Einsatz***.
(= wurden sofort eingesetzt)

9.2.2 Modalverben im „subjektiven" Gebrauch

Grad der Sicherheit/Wahrscheinlichkeit aus Sicht des Sprechers

sehr sicher	Die Schwerkraft *muss* der Grund sein, warum der Apfel vom Boden fällt. (Die Schwerkraft ist *ganz sicher* der Grund, warum der Apfel vom Boden fällt.) Laika *kann* die Raumfahrt *nicht* überlebt haben. (Laika hat die Raumfahrt *ganz sicher nicht* überlebt.)
sehr wahrscheinlich	Der Flug von Shepard *müsste/wird* ein suborbitaler Flug gewesen sein. (Der Flug von Shepard war *sehr wahrscheinlich* ein suborbitaler Flug.)
wahrscheinlich	Die Gravitation *dürfte* der Grund sein, warum alle Gegenstände ein Gewicht haben. (Die Gravitation ist *wahrscheinlich* der Grund, warum alle Gegenstände ein Gewicht haben.)
möglich	Die Ursache der Explosion *könnte/kann* der verspätete Start gewesen sein. (Die Ursache der Explosion war *möglicherweise/vielleicht* der verspätete Start.)
Wahrheitsgehalt unbekannt (man sagt)	Gagarin *soll* die Entscheidung erst am Vorabend der Unternehmung erfahren haben. (*Man sagt*, dass Gagarin die Entscheidung erst am Vorabend der Unternehmung erfuhr.)
eher unwahrscheinlich (das Subjekt behauptet etwas von sich)	Die Verantwortlichen *wollen* Laika eingeschläfert haben, doch nach zuverlässigen Quellen ist die Hündin bereits während der Weltraumreise verendet. (Die Verantwortlichen *behaupten*, dass sie Laika eingeschläfert haben, doch nach zuverlässigen Quellen ist die Hündin bereits während der Weltraumreise verendet.)

9.3 Strukturen: Aufgaben

I Suchen Sie in den Abschnitten 3 – 5 Beispiele für Funktionsverbgefüge. (s. 9.2.1)

____

____

II Drücken Sie die unterstrichenen Ausdrücke anders aus.
(s. 9.2.1) (s. 9.2.2) (s. 5.2.1)

1. Newton leistete einen wesentlichen Beitrag zum Verständnis der Gravitation.
   → trug wesentlich zum bei.

2. Die Maschinen, die in der Lage sind, ein Raumfahrzeug mit einer derartigen Kraft in Bewegung zu setzen, sind die Raketen.
   → Die Maschinen, die ____ bewegen können, sind die Raketen.

3. Man stellte den Verantwortlichen die Frage, was Laikas Tod verursacht hatte.
   → Man fragte ~~die~~ Verantwortlichen,

4. Nach offiziellen sowjetischen Angaben soll Laika nach ihrer Weltraumreise eingeschläfert worden sein – doch nach anderen Quellen verendete die Hündin schon kurz nach ihrem Start.
   → wurde Laika ____

5. Nach Angaben verschiedener Tierschutzvereine, die übrigens öfters den Ethikmangel in der Raumfahrt beklagen, dürften auch zahlreiche andere Tiere im Anschluss an Laikas Reise in der Atmosphäre verglüht sein.
   → , sind.

6. Die Entscheidung darüber, wer an Bord des ersten bemannten Raumfahrzeugs reisen durfte, soll erst in der Nacht vor dem Abflug getroffen worden sein.
   →

7. Gagarin soll es vor seiner Weltraumexpedition nicht mehr geschafft haben, seine Familie in Kenntnis von seiner Unternehmung zu setzen.

→ ~~informi~~ über Unternehmung zu informieren.

8. Die Mondlandung war ein Ereignis, das in der ganzen Welt Beachtung fand.

→ beachtet wurde.

9. Weder enttäuschende Weltraumforschungsergebnisse noch menschliche Opfer oder gewaltige materielle Ausgaben vermögen den Menschen davon abzubringen, seiner angeborenen Neugier und seinem Forschungsdrang nachzugehen.

→ können abringen.

III Transformieren Sie die folgenden Sätze, ohne ihren Sinn zu verändern.

1. Seit langer Zeit träumt der Mensch davon, das Weltall zu erobern.

→ von Eroberung des Weltall (der)

2. Um Flüge ins Weltall zu ermöglichen, galt es, eine zur Schwerkraft entgegengesetzt gerichtete Kraft zu finden, die die Gravitation im Gleichgewicht hält.

→ ~~um zu~~ ~~Ex~~ Möglichkeit der Flüge ins Weltall. (zur)

3. Die dafür geeigneten Maschinen sind die Raketen, die nach dem „dritten newtonschen Gesetz", dem Prinzip der Aktion und Reaktion, funktionieren.

→ die nach dem ... funktionierenden Raketen.

4. Durch die verbrennenden Treibstoffe werden Gase nach hinten ausgestoßen. Das bewirkt wiederum einen Schub in die entgegengesetzte Richtung. (Aktiv | Passiv)

→ die verbrennenden Treibstoffe stoßen Gase nach hinten aus. Ein Schub wird wiederum einen Schub in bewirkt

5. Mit Hilfe einer solcher Kraft, d. h. durch mehrere Raketen, die eine nach der anderen gezündet wurden, ist am 4. Oktober 1957 der erste Satellit namens Sputnik 1 ins Weltall geschossen worden.

→ mehrere (eine) nach (der) anderen gezünden (gezündete) Raketen hat man ... ~~schiesse~~ geschossen

6. Die Frage, ob man außer Satelliten auch Menschen ins All schicken könnte, wurde nach diesem ersten Schritt noch aktueller.

→

7. Laut offiziellen sowjetischen Angaben soll Laika nach ihrer Weltraumreise eingeschläfert worden sein.

→ Nachdem sie ~~ihrer~~ ihr Weltraum gereist wird.

8. So flogen etwa 1783 ein Widder und ein Hahn im Luftballon der Brüder Montgolfier, doch im Unterschied zu Laika, die aus der Erdatmosphäre heraus ins Weltall eintrat, flogen diese lediglich innerhalb der Erdatmosphäre.

(während) → Während eintrat Laika aus der E heraus ins Weltall

9. Nach Angaben verschiedener Tierschutzvereine verglühten auch zahlreiche andere Tiere in der Atmosphäre.

(wie) → Wie die Angaben verschiedner Tierschutzvereine angeben. angaben / behaupten / berichten

10. Die Entscheidung darüber, wer an Bord des ersten bemannten Raumfahrzeugs reisen durfte, wurde recht spät getroffen, so dass Gagarins Familie nicht mehr benachrichtigt werden konnte.

Die Entscheidung über ______________________________

wurde recht spät getroffen, so dass man Gagarins Familie nicht mehr benachrichtigen konnte.

11. So führte Alan Shepard einen 16-minütigen Weltraumflug durch – allerdings ohne eine vergleichbare Leistung zu erbringen, handelte es sich doch lediglich um einen suborbitalen Flug, der die Umlaufbahn der Erde nicht erreichte. (Konnektor)

→

12. [Drei Wochen später] hielt der US-Präsident John F. Kennedy seine berühmt gewordene Rede, in der er versprach, noch vor Ende desselben Jahrzehnts Menschen auf den Mond zu schicken.

→ seine Rede, die berühmt ~~ge~~werde sind werde

13. Es gab zwar ernüchternde Hinweise, doch weder enttäuschende Weltraumforschungsergebnisse noch menschliche Opfer oder gewaltige materielle Ausgaben vermögen den Menschen davon abzubringen, seiner angeborenen Neugier und seinem Forschungsdrang nachzugehen.

(trotz) → Trotz ~~es gab~~ zwar

(trotzdem) → Trotzdem ~~ernuchter~~ gab es zw

(obwohl) → , obwohl es gab zwar ernüch Hin

IV Worauf beziehen sich folgende Wörter?

a) „diese" (Z. 30) ____

b) „es" (Z. 41) ____

Teil II

10 Beste Chancen für kreative Köpfe

[1] Der deutsche Maschinenbau bietet hervorragende Beschäftigungschancen für qualifizierte Nachwuchsingenieure, -informatiker und -wirtschaftsingenieure. Dass Ingenieure so gefragt sind, liegt in erster Linie an den umfangreichen Aufgabengebieten und den wachsenden Anforderungen, die an die Mitarbeiter des Maschinenbaus gestellt werden. Mehr denn je braucht die Investitionsgüterindustrie Qualifikationen, für deren Erwerb das Ingenieurstudium eine gute Voraussetzung ist.

[2] Allein der deutsche Maschinen- und Anlagenbau wird in dem Zeitraum von 2000 bis 2010 jährlich im Durchschnitt 5.000 Ingenieurinnen und Ingenieure einstellen. Dies zeigt eine langfristige Studie der Prognos AG. Die Ingenieure werden benötigt, um zum einen den Zusatzbedarf zu decken und zum anderen die aus Maschinenbauunternehmen ausscheidenden Ingenieure zu ersetzen. Diese Schätzungen werden bestätigt durch Umfragen des VDMA (Verband Deutscher Maschinen- und Anlagenbau e.V.). Im Zeitraum von 2001 bis 2004 ist der Anteil der Ingenieure an der Gesamtbeschäftigung im Maschinen- und Anlagenbau sowohl prozentual als auch absolut gestiegen. Der Anteil der Ingenieure an der Gesamtbeschäftigung liegt nunmehr bei 16 Prozent (siehe Grafik 1).

[3] Die meisten Ingenieure in den Unternehmen des Maschinen- und Anlagenbaus arbeiten immer noch in der Forschung und Entwicklung. Es ist aber seit langem der Trend festzustellen, dass Unternehmen hoch qualifizierte Ingenieure „näher am Kunden" einsetzen. Der Anteil der Ingenieure, die im Vertrieb arbeiten, ist daher in den letzten Jahren deutlich angestiegen (siehe Grafik 2).

Ingenieure heute – nicht nur Technikfreaks

[4] Die Aufgaben und Herausforderungen, die an junge Nachwuchskräfte im Maschinen- und Anlagenbau gestellt werden, sind interessant, vielseitig und anspruchsvoll. Ingenieurinnen und Ingenieure mit den unterschiedlichsten Begabungen werden gebraucht.

[5] Für Ingenieure ist die Begeisterung für Technik geradezu selbstverständlich. Aber Technik ist nicht alles: Mit dem oben erwähnten Anstieg der Vertriebsingenieure wird deutlich, dass gerade in mittelständischen Unternehmen neben anspruchsvollem technischem Know-how vor allem qualifizierte Management-, Marketing- und Vertriebstätigkeiten an Bedeutung gewinnen. Also bleibt auch nach einem erfolgreichen Ingenieurstudium und den ersten Berufserfahrungen die Notwendigkeit des lebenslangen Lernens.

[6] Und weil Maschinenbau-Ingenieure vielseitig und weltweit tätig sind, steht ihnen eine große Zahl von Karrierewegen offen. In den vielen kleineren oder mittleren Unternehmen ergeben sich Chancen, schnell und umfassend Verantwortung zu übernehmen. Die Aufgabenfelder sind entsprechend groß. Kein Wunder, dass im Maschinenbau jeweils über die Hälfte der Abteilungsleitungen, Bereichsleitungen und Geschäftsführungen mit Ingenieuren besetzt sind.

Ingenieurstudium – langfristig hervorragende Perspektiven

[7] In dem hohen Bedarf an gut ausgebildeten Ingenieurinnen und Ingenieuren spiegelt sich eine sich kontinuierlich verändernde, moderne Arbeitswelt wieder. Warum ist der Bedarf hoch? Wer als Unternehmen die Nase vorn haben will, bietet kundenspezifische Problemlösungen. Der Kunde ist König – das gilt besonders bei Investitionsgütern wie Maschinen und Anlagen. Für die Mitarbeiter bedeutet dies ein systematisches Denken, um die Anforderungen des Kunden umsetzen zu können. Dabei ist der Trend erkennbar, dass Mechanik, Elektronik und Informationstechnik zu leistungsfähigen, flexiblen Einheiten verschmelzen. Der Maschinenbau integriert wichtige Technologien wie Elektrotechnik und Software und schafft so neue High-Tech-Produkte für die Zukunft. Miniaturisierung und Mikrotechniken werden Produkte und Produktionsprozesse in Zukunft deutlich verändern. Systematisches Denken und technologisches Know-how sind die Voraussetzungen, die Ingenieurinnen und Ingenieure für eine erfolgreiche Berufslaufbahn mitbringen.

Quelle: Absolventen Guide (Sommersemester 2005), S. 23

Grafik 1: Ingenieure im Maschinenbau 2004 – Kontinuierlicher Zuwachs

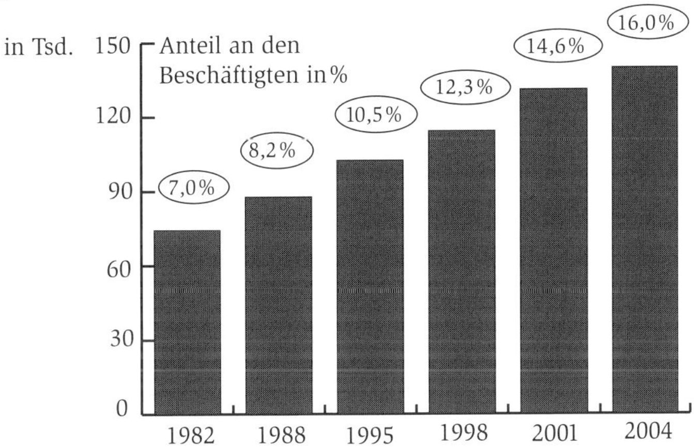

Grafik 2: Ingenieure im Maschinenbau 2004 – Vertrieb wieder stärker

Tätigkeit nach Unternehmensbereichen

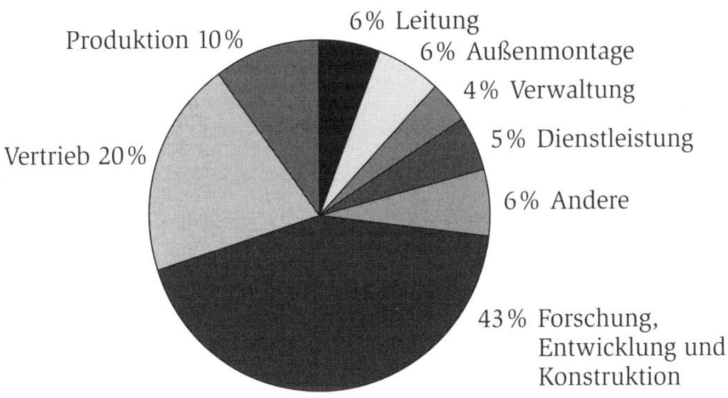

10.1 Leseverstehen und Wortschatz

1. Fassen Sie stichwortartig die im Abschnitt [1] genannten Gründe zusammen, warum Maschinenbauingenieure zunehmend gesucht werden.

   umfangreiche Ausgabengebieten

   - . . . Anforderung.

2. Wie wird der steigende Bedarf an im Vertrieb tätigen Ingenieuren erklärt?

   decken Einsatzbedarf

   ersetzen M. Ingenieur, die ausscheidend.

3. Suchen Sie eine passende Überschrift für den Abschnitt [3].

   Die hoche qualifizierte Ingenieure ist Trend in der Zukunft

4. Formulieren Sie den folgenden Satz mit eigenen Wörtern um: „Wer als Unternehmen *die Nase vorn haben will*, bietet kundenspezifische Problemlösungen." (7. Abschnitt)

   Die Menschen, die am besten Mitarbeiter sein möchten,

   müssen mehr spezifik PL bieten.

5. Warum wird im Text die Notwendigkeit des lebenslangen Lernens unterstrichen?

6. Welche Charakteristika bzw. Fähigkeiten werden von Ingenieuren erwartet? Antworten Sie in Stichpunkten.

   Begeistierung , Technik

7. Suchen Sie im Text Synonyme für die folgenden Wörter.

   Abschnitt [1]: a) ausgezeichnet hervorragend.
   b) zunehmend Wachsenden.
   c) berufliche Chancen

   Abschnitt [3]: a) Tendenz Trend.
   b) Verkauf/Distribution von Produkten

   Abschnitt [5]: a) zunehmend wichtiger werden an Bedeutung gewinnen.

8. Erklären Sie den Ausdruck *kundenspezifische Problemlösungen* (Abschnitt 7).

9. Nennen Sie jeweils ein Synonym (gleiche Bedeutung) und ein Antonym (entgegengesetzte Bedeutung) zum Verb *ansteigen* im folgenden Satz:
   „Der Anteil der Ingenieure ist daher in den letzten Jahren deutlich *angestiegen*."

10. Fassen Sie den Text in 5 bis 6 Sätzen zusammen.

10.2 Strukturen: Aufgaben

I Worauf beziehen sich die folgenden Wörter?

a) „dies“ (Z. 8) ____________________

b) „daher“ (Z. 20) ____________________

c) „dies“ (Z. 44) ____________________

II Transformieren Sie die folgenden Sätze, ohne ihren Sinn zu verändern.

1. Dass Ingenieure so gefragt sind, liegt in erster Linie an den umfangreichen Aufgabengebieten und den wachsenden Anforderungen, die an die Mitarbeiter des Maschinenbaus gestellt werden.

→ daran, dass die umfangreiche Aufgabengebieten sind und die Anforderungen, die an ... werden, wachsen.

2. Die Ingenieure werden benötigt, um den Zusatzbedarf zu decken. Sie sollen außerdem die aus Maschinenbauunternehmen ausscheidenden Ingenieure ersetzen.

→ zur Deckung des Zusatzbedarfs die Ingenieure, die Maschinenbauunternehmen ausscheidenden

3. Es ist aber seit langem der Trend festzustellen, dass Unternehmen hoch qualifizierte Ingenieure „näher am Kunden“ einsetzen.

→ *Man …* ~~fest~~ ~~kann~~ aber seit langem der Trend feststellen.

4. Der Anteil der Ingenieure, die im Vertrieb arbeiten, ist daher in den letzten Jahren deutlich angestiegen.

→ Der Anteil der im Vertrieb arbeitenden Ingenieure.

5. Die Aufgaben und Herausforderungen, die an junge Nachwuchskräfte im Maschinen- und Anlagenbau gestellt werden, sind interessant, vielseitig und anspruchsvoll.

→ Die an junge Nachwuchskräfte im Maschinen und Anlagenbau gestellten Aufgaben und Herausforderungen.

6. Also bleibt auch nach einem erfolgreichen Ingenieurstudium und den ersten Berufserfahrungen die Notwendigkeit des lebenslangen Lernens. (Modalverb)

→ Also muss auch nach lebenslang Lernen

7. Und weil Maschinenbau-Ingenieure vielseitig und weltweit tätig sind, steht ihnen eine große Zahl von Karrierewegen offen.

(aufgrund/wegen) → Aufgrund der vielseitigen und weltweit tätigen der Maschinenbau-Ingenieure

(deshalb) → deshalb sind Maschinenbau-I vielseitig und weltweit tätig

(denn) → ____, denn M-I sind vielseitig und weltweit tätig.

8. In dem hohen Bedarf an gut ausgebildeten Ingenieurinnen und Ingenieuren spiegelt sich eine sich kontinuierlich verändernde, moderne Arbeitswelt wieder.

→ eine moderne Arbeitswelt, die sich kontinuierlich verändert

9. Für die Mitarbeiter bedeutet dies ein systematisches Denken, um die Anforderungen des Kunden umsetzen zu können.

(damit) → damit man die Anforderungen des Kunden umsetzen können

(zwecks) → der Umsetzung der Kundenanforderungen
+N.

10. Dabei ist der Trend erkennbar, dass Mechanik, Elektronik und Informationstechnik zu leistungsfähigen, flexiblen Einheiten verschmelzen.

→ Dabei wird der Trend erkannt, dass

11. Der Maschinenbau integriert wichtige Technologien wie Elektrotechnik und Softwareentwicklung und schafft neue High-Tech-Produkte für die Zukunft.

a) Setzen Sie statt „und" einen anderen Konnektor ein.

Dadurch, dass der Maschinenbau ..... integriert.

b) Durch die Integration wichtiger T ____ schafft der Maschinenbau neue High-Tech-Produkte für die Zukunft.

12. Systematisches Denken und technologisches Know-how sind die Voraussetzungen, die Ingenieurinnen und Ingenieure für eine erfolgreiche Berufslaufbahn mitbringen.
→

10.3 Sprechen

1. Schaubildinterpretation (Partnerarbeit)

Schaubilder „Ingenieure im Maschinenbau 2004 – Kontinuierlicher Zuwachs", „Ingenieure im Maschinenbau 2004 – Vertrieb wieder stärker"

a) Präsentation: Jeder Partner wählt ein Schaubild und präsentiert es kurz seinem Gegenüber.
b) Die Schaubilder werden interpretiert und über die Aussage der Schaubilder wird diskutiert.

Hilfe zu b)

- mögliche Gründe für die dargestellten Trends
- Ihre Hypothesen über die Entwicklungen, die in der Zukunft zu erwarten sind
- Vergleich mit der Situation in Ihrem Heimatland
- Ihre Hypothesen bezüglich der beruflichen Perspektiven der Maschinenbau-Ingenieure in den restlichen EU Ländern/in den USA

Tipps:

- Vermeiden Sie bei Ihrer Präsentation die Aufzählung aller im Schaubild enthaltenen Daten. Konzentrieren Sie sich vielmehr auf die wichtigsten Aussagen des Schaubildes. Suchen Sie Beispiele aus, die die Situation besonders gut veranschaulichen (z. B. besonders auffallende/hohe/niedrige Zahlen)
- beachten Sie den Unterschied zwischen relativen Anteilen („25 %/ein Viertel aller Beschäftigten ...") und absoluten Zahlen („1.200 Beschäftigte ...")

Redemittel:

- Schaubildbeschreibung
  Die Graphik/das Schaubild zeigt, wie viele/wie hoch ...
  Dem Schaubild kann man entnehmen/ist zu entnehmen, dass ...
  Wie das Schaubild veranschaulicht/zeigt, gibt es ...
  Der Anteil der (...) beträgt 30 %/ist höher(niedriger) als .../ist im Zeitraum von 1982 bis 1988 <u>von</u> 6 % <u>auf</u> 8 % (an)gestiegen/hat sich <u>um</u> 2 % erhöht.

- Vergleiche, Gegensätze, Gegenüberstellungen:
  Im Vergleich/im Unterschied zum Jahr 1982 ist ...
  Während der Anteil der Ingenieure im Produktionssektor nur 5 % beträgt, gibt es ...
- Schlussfolgerungen, Erklärungen, Vermutungen
  Daraus kann man schließen/daraus ergibt sich, dass ...
  Diese Situation/Tendenz lässt sich meiner Meinung nach dadurch erklären, dass ...
  Ein weiterer wichtiger Grund/Faktor ist, dass ...
  Ein weiterer wichtiger Grund/Faktor dürfte (...) sein.
  Ich nehme an/ich vermute/ich glaube, dass man in der Zukunft ...

2. Studium in Deutschland

Stellen Sie Ihrer Partnerin/Ihrem Partner Fragen bezüglich ihres/seines Studiums in Deutschland.

Beispiele:

Was möchten Sie studieren?
Womit beschäftigt sich dieses Studienfach?
Welche Nachbarwissenschaften sind für Ihr Studienfach wichtig?
Wieso haben Sie sich ausgerechnet für dieses Fach entschieden?
Kann man dieses Fach auch in Ihrem Heimatland studieren?
Aus welchem Grund möchten Sie in Deutschland studieren?
Welche Berufsperspektive verfolgen Sie mit Ihrem Studium?
Welche beruflichen Chancen hat man mit diesem Studienabschluss in Ihrer Heimat?
Wie ist das Studium in Ihrer Heimat strukturiert? Wie lange studiert man dort?
Haben Sie sich schon nach der Dauer und dem Aufbau des Studiums in Deutschland erkundigt?

11 Globalisierung aus wirtschaftlicher Sicht

[1] Eine Untersuchung über die konkreten Veränderungen, die aus der Globalisierung für die Wirtschaft und für das Bildungswesen eines hochindustrialisierten Landes erwachsen, haben die Ökonomen Hotz-Hart und Küchler vorgelegt. Der Titel ihres Buches lautet *Wissen als Chance – Globalisierung als Herausforderung für die Schweiz* (Hotz-Hart/Küchler 1999). In diesem Buch wollen die Autoren anhand von Daten zeigen, dass Globalisierung und technischer Fortschritt, der aus Wissen und seiner Anwendung hervorgeht, sich gegenseitig beschleunigen. Für die Unternehmen der Industrieländer wird der Wettbewerb zum Innovationswettbewerb. Daher wird die Innovationsfähigkeit der einzelnen Firmen und der Wirtschaft insgesamt zunehmend wichtig.

[2] Aber auch für die Länder, die sich noch nicht als Industrie- oder Postindustrieländer bezeichnen können, gibt es eine Einbindung in die Globalität. Die Bevölkerungen ärmerer, technisch weniger entwickelter Länder können nur bestehen, wenn die Volkswirtschaften dieser Länder konkurrenzfähig sind, sonst wird das Gefälle zwischen Nord und Süd, zwischen West und Ost, nicht kleiner, sondern größer. Bei zunehmender internationaler Verflechtung der Wirtschaft rückt der Faktor Wissen immer mehr ins Zentrum, und zwar für alle Menschen. Wo wird aber Wissen erworben? Im ersten Drittel eines Menschenlebens zum großen Teil im jeweiligen Bildungssystem. Es liegt auf der Hand, dass Globalisierung und Bildung etwas miteinander zu tun haben. Die Ziele, die Inhalte und die Organisation der allgemeinen wie der beruflichen Bildung müssen die Menschen befähigen, in der sich wandelnden Wirtschaft und Gesellschaft einen Platz zu finden, mit den Entwicklungen Schritt zu halten und dank ihrer Qualifikationen die Entwicklung mitzubestimmen und nicht über sich ergehen zu lassen.

[3] Die wirtschaftliche Dimension der Globalisierung dominiert die Diskussion, weil wirtschaftliche Entwicklungen als Motor wirken. Daher wird hier eine Definition der Globalisierung vorgeschlagen, die nicht mit ideologiekritischen Argumenten, sondern mit der Benennung und Zuordnung von wirtschaftlichen Faktoren und Vorgängen arbeitet:

Was ist Globalisierung?

[4] „Globalisierung bedeutet Entgrenzung: Nationalstaatliche und natürliche Grenzen verlieren rapide an Bedeutung; Leistungsherstellung, Konkurrenz und Vermarktung werden immer weniger durch diese Grenzen geprägt. Das Wirtschaftsleben nimmt rasch Merkmale des ‚globalen Dorfes' an: Beschaffung, Produktion, Handel und Vermarktung vollziehen sich weltweit. Geografische Distanz und politische Grenzen stellen für die Wirtschaft kaum noch ein Hemmnis dar – sie gewähren damit aber auch immer weniger Schutz. Diese Entwicklung wird durch den technischen Fortschritt, insbesondere durch die Informations- und Kommunikationstechnologien (IuK-Technologien) vorangetrieben: Kommunikations- und Transportkosten haben an Bedeutung verloren. Die räumliche Distanz ist durch die Telematik-Infrastruktur praktisch aufgehoben. Die Globalisierung fördert ihrerseits den technischen Fortschritt, indem neue Märkte und damit Gewinnmöglichkeiten erschlossen werden. Diese wechselseitige Verstärkung beschleunigt den Prozess der Globalisierung und macht ihn unumkehrbar." (Hotz-Hart/Küchler 1999, S. 9)

Quelle: Christina Allemann-Ghionda (2004): Einführung in die vergleichende Erziehungswissenschaft, Weinheim [u. a.]: Beltz Verlag S. 32 f.

11.1 Leseverstehen und Wortschatz

1. Vervollständigen Sie die folgenden Kurzangaben zum Thema des Buchs von Hotz-Hart und Küchler und zu der These, die die Autoren beweisen wollen.

   Thema: Auswirkungen der Globalisierung auf ______

   These: Gegenseitige Beschleunigung von ______

   Globalisierung und Technischem Fortschritt

2. Welche Konsequenzen kann die fehlende Konkurrenzfähigkeit für die weniger entwickelten Länder haben? (1 Satz)

   Bedrohung ~~und~~ Bildung durch steigendes Gefälle zwischen N und S . . .

3. Erklären Sie den Zusammenhang zwischen der Globalisierung und der Bildung in eigenen Worten. (2 – 3 Sätze)

   G und B sind eng miteinander verbunden

   大程度

4. Inwiefern kann man sagen, dass sich die Globalisierung und der technische Fortschritt gegenseitig beeinflussen?

5. Im letzten Satz heißt es, dass der Prozess der Globalisierung unumkehrbar wird. Erklären Sie die Bedeutung des Adjektivs *unumkehrbar* mit Hilfe der Wortbildung.

   lassen sich nicht umkehrbar mach

   rückgängig

6. Suchen Sie im ersten und zweiten ~~Abschnitt~~ Synonyme für die folgenden Wörter:

   a) sich ergeben aus Vorlegen. erwachsen.

   b) schneller machen, die Geschwindigkeit erhöhen beschleunigen sich

   c) großer, unüberbrückbar erscheinender Gegensatz; Kluft Gefälle

   d) wechselseitig, reziprok gegenseitig

   e) lernen, sich bilden Wissen

   f) Wirtschaftswissenschaftler ______

7. Wie lauten die Antonyme (Wörter mit entgegengesetzter Bedeutung) zu den folgenden Wörtern aus dem Text: *unumkehrbar, beschleunigen, Distanz, an Bedeutung verlieren, Fortschritt?*

   Rückschritt umkehrbar verlangsam gewinnen

8. Wie lautet das entsprechende Verb? (Herstellung → herstellen)

a) Transport transportieren e) Argument argumentieren
b) Fähigkeit befähigen f) Vermarktung vermarkten
c) Wandel wechseln wandeln g) Handel handeln
d) Definition definitiziren h) Vorgang vorgehen

9. Welche Ausdrücke werden im Abschnitt [4] für „schnell" benutzt?

rapid

11.2 Strukturen: Aufgaben

I Wandeln Sie die folgenden Sätze um, ohne ihren Sinn zu verändern.

1. Eine Untersuchung über die Veränderungen, die aus der Globalisierung für die Wirtschaft und für das Bildungswesen eines hochindustrialisierten Landes erwachsen, haben die Ökonomen Hotz-Hart und Küchler vorgelegt.
→ die aus der Globalisierung für die .... erwachsenden Veränderungen.

2. In diesem Buch wollen die Autoren anhand von Daten zeigen, dass Globalisierung und technischer Fortschritt, der aus Wissen und seiner Anwendung hervorgeht, sich gegenseitig beschleunigen.
→ und technischer aus Wissen und seiner Anwendung hervorgehender Fortschritt

3. Für die Unternehmen der Industrieländer wird der Wettbewerb zum Innovationswettbewerb. Daher wird die Innovationsfähigkeit der einzelnen Firmen und der Wirtschaft insgesamt zunehmend wichtig.
(da) → Da der Wettbewerb für ....., wird

4. Die Bevölkerungen ärmerer, technisch weniger entwickelter Länder können nur bestehen, wenn ihre Volkswirtschaften ausreichend konkurrenzfähig sind.
→ Bei ausreichender Konkurrenzfähigkeit ihrer Volkswirtschaften

5. Bei engerer wirtschaftlicher Zusammenarbeit rückt der Faktor Wissen immer mehr ins Zentrum, und zwar für alle Menschen.
(je ... desto) → je engere wirts Zus wird, desto mehr rückt der Faktor Wissen.

6. Die Ziele, die Inhalte und die Organisation der allgemeinen wie der beruflichen Bildung müssen die Menschen befähigen, in der sich ständig wandelnden Wirtschaft einen Platz zu finden.
→ in der Wirtschaft, die sich ständig wandelt,

7. Die wirtschaftliche Dimension der Globalisierung dominiert die Diskussion, weil wirtschaftliche Entwicklungen als Motor wirken.
(deswegen) → Wirtschaftliche E wikt als Motor, deswegen dominiert die wirtschaftliche ... .
(denn) → ..., denn wirtschaftliche Entwicklung wirken als Motor.

8. Daher wird hier eine Definition der Globalisierung vorgeschlagen, die nicht mit ideologiekritischen Argumenten, sondern mit der Benennung und Zuordnung von wirtschaftlichen Faktoren arbeitet.
→ der arbeitende G vorgeschlagen

9. Diese Entwicklung wird durch den technischen Fortschritt und durch die Informations- und Kommunikationstechnologien vorangetrieben. (Aktiv)
→ Der technischer Fortschritt voran und ... vorantriebten diese entwicklung.

10. Die Globalisierung fördert ihrerseits den technischen Fortschritt, indem neue Märkte erschlossen werden.
→ durch Erschließung neuer Märkte

11. Diese wechselseitige Verstärkung beschleunigt den Prozess der Globalisierung und macht ihn unumkehrbar. (Passiv)
→ Der Prozess der G wird durch dieser wechse Verstärkung beschleunigt und unumkehrbar gemacht

12. Setzen Sie die zitierte Definition der Globalisierung (4. Abschnitt) in die indirekte Rede.
→

11.3 Sprechen

Verlagerung von Arbeitsplätzen ins Ausland

Die Auswirkungen der wirtschaftlichen Internationalisierung und Globalisierung zeigen sich nicht nur in der zunehmenden Ausweitung des Welthandels, sondern auch in den Trends, die die Produktionsstandorte und den globalen Arbeitsmarkt betreffen.
So zeichnet sich beispielsweise bei den deutschen Unternehmen schon seit mehreren Jahren die Tendenz ab, Arbeitsplätze ins kostengünstigere Ausland zu verlagern. Beispiele hierfür sind u. a. der Chemiekonzern BASF, die Deutsche Telekom, der Reifenhersteller Continental, Siemens und viele Unternehmen der IT-Branche.
In der letzten Zeit stoßen die Produktionsortverlagerung und der sich daraus ergebende Abbau von Arbeitsplätzen in Deutschland auf zunehmendes Interesse der Öffentlichkeit und werden immer heftiger diskutiert.

Partnerarbeit

Überlegen Sie gemeinsam mit Ihrem Partner,

1) warum sich die Öffentlichkeit zunehmend für die Verlagerung von Arbeitsplätzen ins Ausland interessiert,
   Hilfe: a) Mai 2004: EU-Beitritt der osteuropäischen Länder mit günstigeren Steuermodellen und Arbeitskosten, längeren und flexibleren Arbeitszeiten
   b) Arbeitslosigkeit
2) welche wirtschaftspolitischen und sozialen Folgen eine unkontrollierte Verlagerung von Arbeitsplätzen ins Ausland für Deutschland haben kann,
3) wie sich die Verlagerung von Arbeitsplätzen sinnvoll steuern lässt bzw. wie man den Standort Deutschland für die Firmen attraktiver machen kann.

12 Der Charme des großen Drachen

Ein neuer Global Player ist da: China. Wie hat der große Drache es geschafft, sich in der ersten Reihe der Wirtschaftsnationen zu etablieren? Und welche Folgerungen ergeben sich aus der Veränderung des globalen Markts für Unternehmen und ihre Arbeitskräfte?

[1] Zurzeit lässt sich wieder einmal von einem richtigen „Chinaboom“ sprechen – er reflektiert das gewaltige ökonomische Wachstum, aber auch Chinas wichtigere Rolle in der Globalwirtschaft. Die Wirtschaft wächst seit Jahren um durchschnittlich neun Prozent. In 15 Jahren wird Chinas Bruttosozialprodukt weltweit auf Platz 2 hinter jenem der USA liegen. Mit einem Bruttoinlandsprodukt (BIP) pro Kopf und Jahr von 1.000 US-$ war China Ende 2003 erstmals der Gruppe der Länder mit niedrigem mittlerem Einkommen zuzurechnen. In den letzten 25 Jahren hat das Land seine Wirtschaftsleistung verdoppelt und rund 220 Mio. Menschen haben das Etikett „Armut“ abgestreift. Chinas BIP war bereits Ende 2003 mit 1,25 Billionen US-$ das sechstgrößte der Erde. Zugleich hat das Land zweistellige Wachstumsraten im Außenhandel aufzuweisen und besitzt mit über 500 Mrd. US-$ die zweithöchsten Devisenreserven der Welt. China ist für vier Prozent des globalen BIP-Wachstums verantwortlich, aber für 40 % des globalen Zement-, 31 % des globalen Kohle- und 27 % des globalen Stahlverbrauchs. Bis zum Jahre 2020 strebt das Land eine weitere Vervierfachung des BIP an.

[2] Erstaunt hat vor allem der rasche und pragmatisch orientierte Umbau von einer Plan- zu einer Marktwirtschaft. In China fand eine rasche Privatisierung „von unten“ statt, nämlich vorrangig durch Betriebsgründungen aus der Bevölkerung heraus. Der Privatsektor ist heute Motor des Wachstums und stellt mittlerweile die meisten neuen Arbeitsplätze zur Verfügung. Doch der Modernisierungsprozess hat seinen Preis. Die wirtschaftliche Dynamik hat zwar mehr Wohlstand sowie politische und gesellschaftliche Freiheiten für die Bevölkerungsmehrheit gebracht, zugleich aber gravierende Konsequenzen – etwa soziale Unsicherheit durch Arbeitsplatzverlust. Die Einkommensunterschiede zwischen Regionen, zwischen Stadt und Land sowie innerhalb des städtischen und ländlichen Raums nehmen zu. Korruption, ein zentrales Phänomen sozialer Unzufriedenheit, nagt an der Legitimität der Partei. Auch der Ausbau des Rechtssystems hält mit den wirtschaftlichen und gesellschaftlichen Erfordernissen nicht Schritt. Dazu kommt die soziale und materielle Unsicherheit der Beschäftigten in den traditionellen Industrieregionen, wo ein Großteil der Staatsunternehmen zusammengebrochen oder zahlungsunfähig ist. Das führt zu Protest in der Bevölkerung.

[3] Die politische Führung versucht, durch gezielte Maßnahmen diese Probleme anzugehen. Das Vermögen, soziale Konfliktursachen und Probleme zu erkennen und an pragmatischen Lösungen zu arbeiten, kann man der politischen Führung nicht absprechen. Pragmatisch wurden weltanschauliche oder politische Auffassungen den aktuellen Bedingungen oder der sich ändernden Lage angepasst. So wurde in den 80er Jahren die sozialistische Marktwirtschaft zum Ziel der Parteipolitik erklärt und damit die Planwirtschaft quasi *ad acta* gelegt. Parallel wandelte sich die Partei von einer Klassen- zu einer Volkspartei. Nach den Großunternehmen strömen heute die deutschen Mittel- und Kleinunternehmen auf den chinesischen Markt. Viele sind erfolgreich, aber längst nicht alle. Der chinesische Markt ist heftig umkämpft, was etwa das Beispiel VW verdeutlicht (Rückgang des

Marktanteils von 55 % auf ca. 25 %). Wer die Eigenheiten und Wagnisse des chinesischen Wirtschafts- und Gesellschaftssystems nicht begreift, kann leicht scheitern. Die Dynamik der Entwicklung dürfte in den kommenden Jahren anhalten, auch wenn das Wachstum sich allmählich abschwächen wird. Andererseits drängen chinesische Unternehmen zunehmend expansiv auf den Weltmarkt. Peking ruft zu mehr Investitionen im Ausland auf, so dass Chinas Unternehmen zukünftig immer stärker als Global Player auftreten werden.

[4] Von daher erscheint es doppelt attraktiv und wichtig, sich mit diesem Land stärker auseinanderzusetzen. Ein „Hineinriechen" in den chinesischen Markt durch einen etwas längeren Aufenthalt ist für Studierende und Absolventen aller Fächer auf jeden Fall anzuraten.

Quelle: Unicum Beruf 3/2005, S. 22, Verfasser: Thomas Heberer

Worterklärungen

Boom = (wirtschaftlicher) Aufschwung

Bruttoinlandsprodukt (BIP) = Was eine Volkswirtschaft in einem Jahr produziert, wird im Bruttoinlandsprodukt erfasst. Dieses ist ein Maß für die wirtschaftliche Leistung eines Landes. „BIP pro Kopf" bezeichnet die Höhe des Bruttoinlandsprodukts pro Einwohner eines Landes.

Planwirtschaft = Wirtschaftsform, bei der Produktion und Verteilung von Gütern im Voraus geplant werden (etwa im Unterschied zur Marktwirtschaft)

ad acta legen = etwas „weglegen", als erledigt/beendet betrachten

12.1 Leseverstehen und Wortschatz

1. Suchen Sie eine passende Überschrift für den ersten Abschnitt.

   Wachstum der BIP China. / Chinas BIP

2. Welcher Satz im Text drückt aus, dass heutzutage vor allem die Privatwirtschaft das Wachstum Chinas ankurbelt?

   Der Privatsektor ist heute Motor des Wachstums

3. Erklären Sie die Bedeutung des folgenden Satzes in eigenen Worten: „Doch der Modernisierungsprozess *hat seinen Preis*" (Abschnitt 2).

   Der M hat auch negativ Auswirkungen.

4. Welche positiven und negativen Effekte hat die wirtschaftliche Entwicklung in China für die Bevölkerung? Antworten Sie in Stichpunkten.

   N: soziale Unsicherheit Einkommensunterschiede Korruption

   P: Wohlstand und gesellschaftliche Freiheiten

5. Wodurch erklärt sich die soziale und materielle Unsicherheit der Arbeitnehmer in den traditionellen Industrieregionen? (1 Satz)

6. Was wird im Text über die Fähigkeit der chinesischen Spitzenpolitiker ausgesagt, soziale Probleme zu erkennen und an deren Lösungen zu arbeiten? (1 Satz)

7. Was erfährt man im Text darüber, wie erfolgreich ausländische Unternehmen in China sind? (1 – 2 Sätze)

Viele Unternehmen sind erfolgreich, aber längst nicht alles ✓

8. Welche Textstelle veranschaulicht, dass der Konkurrenzkampf die Situation eines ausländischen Unternehmens in China erschwert?

Der C Markt ist heftig umkämpft, was ✓

9. Woran kann ein Unternehmen in China scheitern?

Wenn ~~sie~~ ein Unter nicht Eigen und

Korruption

10. Warum wird Studierenden und Absolventen aller Fächer ein längerer Aufenthalt in China empfohlen?

Es erscheinen doppelt attraktiv und wichtig

spielen wichtig Rolle.

11. Suchen Sie im Text Adjektive zu „Stadt“, „Land“, „Zukunft“ und „Erfolg“.

städtisch

Stättlich ländlich zukünftig erfolgreich

12. Erklären Sie die Bedeutung des markierten Satzteils aus dem Kontext:
„In den letzten 25 Jahren hat das Land seine Wirtschaftsleistung verdoppelt und rund 220 Mio. Menschen haben *das Etikett ‚Armut‘ abgestreift*“ (1. Abschnitt).

13. Suchen Sie im Text Synonyme für die folgenden Ausdrücke.

Abschnitt [2]:
a) nicht in der Lage zu zahlen ______
b) schwer, schwerwiegend ______
c) hauptsächlich, vor allem ______
d) privatwirtschaftlicher Bereich ______

Abschnitt [3]:
a) Umstände ______
b) Fähigkeit ______

14. Erklären Sie die Bedeutung des Anglizismus „Global Player" (player = engl. Spieler) aus dem Kontext (vgl. Untertitel, Ende des 3. Abschnitts).

____

____

12.2 Strukturen: Aufgaben

I Worauf beziehen sich die folgenden Wörter?

a) „es" (Z. 1) ______________________

b) „jenem" (Z. 7) ______________________

c) „es" (Z. 50) ______________________

II Transformieren Sie die folgenden Sätze, ohne ihren Sinn zu verändern.

1. Zurzeit lässt sich wieder einmal von einem richtigen „Chinaboom" sprechen.

→ Zuzeit ~~k~~ kann man ______ sprechen.

2. Er reflektiert das gewaltige ökonomische Wachstum, aber auch Chinas wichtigere Rolle in der Globalwirtschaft. (neben)

→ Neben dem gewaltigen . . . . Wachs reflektiert er auch

3. Mit einem Bruttoinlandsprodukt pro Kopf und Jahr von 1.000 US-$ war China Ende 2003 erstmals der Gruppe der Länder mit niedrigem mittlerem Einkommen zuzurechnen.

→

4. In China fand eine rasche Privatisierung „von unten" statt, nämlich vorrangig durch Betriebsgründungen.

→ dadurch, dass der Betrieb ~~gründt wird~~ gegründet wurden.

5. Die politische Führung versucht, durch gezielte Maßnahmen diese Probleme anzugehen.

→ , diese Probleme dadurch anzugehen, dass sie ~~gezielt Maß nimmt~~

6. Das Vermögen, soziale Konfliktursachen und Probleme zu erkennen und an pragmatischen Lösungen zu arbeiten, kann man der politischen Führung nicht absprechen.

→ , kann ~~der~~ die politischen Führung nicht abgesprochen werden.

7. Pragmatisch wurden weltanschauliche oder politische Auffassungen den aktuellen Bedingungen oder der sich ändernden Lage angepasst. So wurde in den 80er Jahren die sozialistische Marktwirtschaft zum Ziel der Parteipolitik erklärt und damit die Planwirtschaft quasi *ad acta* gelegt. (Aktiv)

→ Pragmatisch ~~könnte~~ man - - - - - anpassen

So ~~könnte~~ man in den 80er - - - - erklären und - - - , legen

8. „Viele sind erfolgreich, aber längst nicht alle. Der chinesische Markt ist heftig umkämpft, was etwa das Beispiel VW verdeutlicht (Rückgang des Marktanteils von 55 auf ca. 25 %)."

a) Welche Beziehung besteht zwischen den zwei Sätzen?

kausale

b) Drücken Sie diese Beziehung mit Hilfe eines Satzkonnektors aus.

c) Verbalisieren Sie den eingeklammerten Ausdruck.

Der chinesische Markt ist heftig umkämpft, was etwa das Beispiel VW verdeutlicht: Sein Marktanteil …

9. Wer die Eigenheiten und Wagnisse des chinesischen Wirtschafts- und Gesellschaftssystems nicht begreift, kann leicht scheitern.

a) Bei fehlende Eigheiten ____________________
kann man leicht scheitern. (*Hilfe*: fehlendes/mangelndes Verständnis)

b) Begreift man ____________________.

10. Die Dynamik der Entwicklung dürfte in den kommenden Jahren anhalten, auch wenn das Wachstum sich allmählich abschwächen wird. (ohne Modalverb)

→ hätte wascheinlich in den kommen an,

11. Peking ruft zu mehr Investitionen im Ausland auf, so dass Chinas Unternehmen zukünftig immer stärker als Global Player auftreten werden.

(infolgedessen/folglich) → , infolgedessen werden Chinas

12. Von daher erscheint es doppelt attraktiv und wichtig, sich mit diesem Land intensiver auseinanderzusetzen.

→ Von daher erscheint es intensive Auseinandersetzung mit diesem Land doppelt attr

13. Ein „Hineinriechen" in den chinesischen Markt durch einen etwas längeren Aufenthalt ist für Studierende und Absolventen aller Fächer auf jeden Fall anzuraten.

Für Studierende und Absolventen aller Fächer ist es auf jeden Fall anzuraten, ________

____.

12.3 Sprechen

Mit der Modernisierung Schritt halten

Der wirtschaftliche Fortschritt bringt langfristig gesehen mehr Wohlstand für die Bevölkerung als Gesamtheit mit sich. Sehr rasche wirtschaftlich-politische Transformationen können allerdings die soziale und berufliche Situation bestimmter Bevölkerungsschichten, die sich nicht so schnell anpassen können, schwieriger werden lassen.

Diskutieren Sie mit Ihrem Partner über die Auswirkungen rapider wirtschaftlicher Transformations- und Modernisierungsprozesse. Beachten Sie dabei die folgenden Aspekte:

1. Wirtschaftlicher Fortschritt und Veränderungen der Arbeitswelt
   - *neue Arbeitsvorgänge und Produktionsprozesse*
   - *zunehmend gefragte bzw. nicht mehr gefragte Fachkenntnisse und Arbeitnehmereigenschaften*
   - *wachsende wirtschaftliche Dynamik und die Notwendigkeit des lebenslangen Lernens*
2. Bevölkerungsgruppen, die von der rapiden Modernisierung profitieren können bzw. negativ betroffen sind
   - *jüngere/ältere Menschen*
   - *gelernte/ungelernte Arbeitskräfte*
   - *Stadtbevölkerung/Landbevölkerung*
   - *in modernen/traditionellen Arbeitsbereichen tätige Personen*
3. Möglichkeiten der Integration negativ betroffener Schichten in den neuen beruflichen Alltag

13 Auswirkungen des Konsums auf die Umwelt

[1] Der private Konsum von Gütern und Dienstleistungen gilt als eine der wichtigsten Triebfedern der Volkswirtschaft. Während man in den Industriestaaten durch eine Ankurbelung des Konsums auf positive Effekte für die Weltwirtschaft und die kriselnden Arbeitsmärkte hofft, ist in den Entwicklungs- und Schwellenländern seine Ausweitung unverzichtbar zur Deckung elementarer Grundbedürfnisse der wachsenden Bevölkerung.

[2] Es wird jedoch immer deutlicher, dass die globale Expansion des Konsums nicht zum ökologischen Nulltarif zu haben ist. Die Produktion und Nutzung von Gütern und Dienstleistungen erfordern den Einsatz von (z. T. knappen) Rohstoffen und Energie und belasten die Umwelt durch Emissionen von Treibhausgasen und Schadstoffen.

[3] Die auf dem Weltgipfel in Rio de Janeiro 1992 verabschiedete Agenda 21 enthält als zentrales Element Vorschläge zur Entwicklung nachhaltiger Konsummuster und misst den reichen Industriegesellschaften hierbei eine besondere Verantwortung bei. Zudem würde eine direkte Übertragung des ressourcenintensiven westlichen Konsumstils auf Entwicklungs- und Schwellenländer nicht nur zu einer dauerhaften Belastung der Rohstoffmärkte, sondern auch zu einer Überlastung der globalen Ökosysteme führen. Nach einer Untersuchung des Worldwatch-Institute, das die weltweiten Konsumgewohnheiten und -motivationen und ihre zunehmend negativen Auswirkungen auf Umwelt und Gesellschaft analysierte, haben sich die jährlichen Konsumausgaben der privaten Haushalte zwischen 1960 und 2000 weltweit auf über 20.000 Mrd. US-$ mehr als vervierfacht, wobei die Anteile regional sehr unterschiedlich verteilt sind. Doch die Entwicklungsländer holen auf. Weltweit können mittlerweile 1,7 Mrd. Menschen – ein Viertel der Weltbevölkerung – zur „globalen Konsumentenklasse“ (Nutzer von Fernsehapparaten, Telefonen und Internetanschlüssen) gezählt werden – etwa die Hälfte davon in Entwicklungsländern, 240 Millionen davon allein in China.

[4] Die wachsenden Konsumausgaben sind von einem Anstieg des Ressourcenverbrauchs begleitet. Trotz Produktivitätssteigerungen in Folge des technischen Fortschritts nahm der Weltverbrauch an Mineralien zwischen 1960 und 1995 um das 2,5-fache, der Verbrauch an Metallen um das 2,1-fache, der von Holz um das 2,3-fache und der an synthetischen Stoffen wie Plastik um das 5,6-fache zu. Diese Zunahme rührt auch daher, dass die Recyclingquoten für die meisten Materialien trotz vorhandener Techniken immer noch sehr niedrig und z. T. sogar rückläufig sind (Kupfer: 13 % heute gegenüber 20 % im Jahr 1980).

[5] Der weltweite Bestand an Personalcomputern hat sich zwischen 1988 und 2002 von 108 Millionen auf über eine halbe Milliarde mehr als verfünffacht. Seit Anfang der 80er Jahre wurden in den USA allein ca. 680 Millionen Geräte verkauft. Aufgrund des raschen technischen Fortschritts und der immer kürzer werdenden Erneuerungszyklen (2 – 3 Jahre) dürfte ein Großteil der Geräte bereits verschrottet sein oder zur Entsorgung anstehen. Nach einer Studie der United Nations University verbraucht die Herstellung eines einzigen PCs (inkl. Bildschirm) bis zu 1,8 t Ressourcen (darunter 1,5 t Wasser, 240 kg fossile Rohstoffe und 22 kg Chemikalien). Der Ressourcenverbrauch ist damit 9-mal höher als das Eigengewicht des PCs, beim Kleinwagen liegt dieser Wert nur beim zweifachen Eigengewicht plus Wasserverbrauch. Ein Durchschnitts-PC enthält

heute mehr als 60 verschiedene chemische Elemente, darunter u. a. 2 – 4 kg Blei sowie Phosphor und Barium. Zu den durchschnittlich 6,3 kg Kunststoffen gehört auch PVC, wobei die Kombination unterschiedlicher Kunststoffe das Recycling äußerst schwierig macht. Die von verschiedenen Herstellern in den 90er Jahren angekündigten „Öko-computer" mit niedrigerem Energieverbrauch und wiederverwertbaren Komponenten lassen bis heute auf sich warten. Die rasch wachsende Ausstattung mit PCs und anderen elektronischen Haushaltsgeräten (s. Tabelle) dürfte in den nächsten Jahren in einigen Schwellenländern zu großen Entsorgungsproblemen führen.

Quelle: Der Fischer Weltalmanach 2005, S. 702

Tabelle 1: Konsum weltweit (Anteil am weltweiten privaten Konsum in %)

Region	Anteil am weltweiten privaten Konsum in %	Anteil an der Weltbevölkerung %
USA und Kanada	31,5	5,2
Westeuropa	28,7	6,4
Ostasien und Pazifik	21,4	32,9
Lateinamerika und Karibik	6,7	8,5
Osteuropa und Zentralasien	3,3	7,9
Südasien	2,0	22,4
Australien und Neuseeland	1,5	0,4
Mittlerer Osten und Nordafrika	1,4	4,1
Afrika südlich der Sahara	1,2	10,9

Tabelle 2: Versorgung mit elektronischen Konsumartikeln je 1000 Einwohner

Land	Fernseher	Handys	PCs
Nigeria	68	4	7
Indien	83	6	6
Ägypten	217	43	16
Ukraine	456	44	18
Brasilien	349	167	75
Südkorea	363	621	556
Deutschland	586	682	435
USA	835	451	625

13.1 Leseverstehen und Wortschatz

1. Welche Auswirkungen kann der Konsumanstieg auf die Industriestaaten und welche auf die Entwicklungs- und Schwellenländer haben? (1 – 2 Sätze)
   Positive Effekte für die Weltschaft / Arbeitsmarkt.
   K.A deckten elementarer Grundbedürfnisse. der

2. „*Diese Zunahme rührt auch daher*, dass die Recyclingquoten für die meisten Materialien trotz vorhandener Techniken immer noch sehr niedrig und z. T. sogar rückläufig sind (Kupfer: 13 % heute gegenüber 20 % im Jahr 1980)."
   a) Worauf beziehen sich die prozentualen Anteile (13 %, 20 %) im zitierten Satz?
   ______
   b) Drücken Sie den markierten Satzanfang anders aus.
   Diese Abnimmen daher ab, hält adher

3. Wie hoch ist der durchschnittliche Ressourcenverbrauch bei der Produktion eines PKWs?
   22 kg Chemikalien / 3 t Wasser / 240 kg fossile Rohstoffe

4. Was erfährt man im Text über die regionale Verteilung von privaten Konsumausgaben? (1 – 2 Sätze)
   1.7 Mrd Menschen gelten zu globale Konsumentenklasse.
   Die Hälfte sind in Entwicklungsländern.

5. Was erschwert das Recycling von PCs? (1 – 2) Sätze
   Die Kombination unterschiedlicher Kunststoff erschwert.
   das Recycling.

6. Erklären Sie den gekennzeichneten Satzteil (2. Abschnitt): „Es wird jedoch immer deutlicher, dass die globale Expansion des Konsums *nicht zum ökologischen Nulltarif zu haben ist*."
   hat nicht zum ökologischen
   Nulltarif. gehabt.

7. Der westliche Konsumstil wird im Abschnitt [3] als *ressourcenintensiv* bezeichnet. Erklären Sie das Wort *ressourcenintensiv* aus dem Kontext.
   Die Ressourcen wird intensiv verbraucht.

8. Drücken Sie den markierten Ausdruck anders aus: „Die von verschiedenen Herstellern in den 90er Jahren angekündigten ‚Ökocomputer' mit niedrigerem Energieverbrauch und wiederverwertbaren Komponenten *lassen bis heute auf sich warten*." (Abschnitt 5).
   Die wieder Energieverbrauch und Komponenten
   wird wieniger als heute

9. Suchen Sie im Text Ausdrücke für:
   a) Entwicklungsländer, die aufgrund ihrer wirtschaftlichen Entwicklung an der Schwelle zu den Industrieländern stehen Schwelleländer.
   b) Wiederverwertung von Abfallstoffen Wiederverwertbar
   c) Probleme, die Beseitigung und Lagerung von Abfällen betreffen ______

13.2 Strukturen: Aufgaben

I Worauf beziehen sich die folgenden Wörter?

a) „seine" (Z. 4) Konsums ~~KonsumMotivationen~~

b) „hierbei" (Z. 13) ~~Element~~ Vorschlag. &

c) „ihre" (Z. 18) Konsumgewohnheiten

d) „davon" (Z. 25, zweimal) globale Konsumentenklasse.

e) „der" (Z. 29) technischen Fortschritts.

II Transformieren Sie die folgenden Sätze, ohne ihren Sinn zu verändern.

1. Während man in den Industriestaaten durch eine Ankurbelung des Konsums auf positive Effekte für die Weltwirtschaft hofft, ist in den Entwicklungs- und Schwellenländern seine Ausweitung unverzichtbar zur Deckung elementarer Grundbedürfnisse der wachsenden Bevölkerung.

   → dadurch, dass der Konsum ankurbelt wird.
   zu

2. Die auf dem Weltgipfel in Rio de Janeiro 1992 verabschiedete Agenda 21 enthält als zentrales Element Vorschläge zur Entwicklung nachhaltiger Konsummuster.

   → Die Agenda 21, die auf - - - - .. verabschiedet ~~wird~~ wurde,

3. Eine direkte Übertragung des ressourcenintensiven westlichen Konsumstils auf Entwicklungs- und Schwellenländer führt zu einer dauerhaften Belastung der Rohstoffmärkte.

   a) *Eine direkte Übertragung des ressourcenintensiven westlichen Konsumstils auf Entwicklungs- und Schwellenländer führt dazu, …* dass . die Rohstoff dauerhaft belas

   b) *Wenn der ressourcenintensive …* direkt . überträgt

4. Nach einer Untersuchung des Worldwatch-Institute haben sich die jährlichen Konsumausgaben der privaten Haushalte zwischen 1960 und 2000 weltweit auf über 20.000 Mrd. US-$ mehr als vervierfacht.

   → Wie der Worldwatch-In ~~untersuch~~ untersucht hat
   eine Un des W zeigt,

5. Weltweit können 1,7 Mrd. Menschen – ein Viertel der Weltbevölkerung – zur „globalen Konsumentenklasse" gezählt werden.

   → *Man …* ~~zählt~~ W 1.7Mr Men . . . . zur. global ~~können~~ zählen.
   kann . zählen

6. Die wachsenden Konsumausgaben sind von einem Anstieg des Ressourcenverbrauchs begleitet.

a) *Je …* ~~wachsender~~ Konsumausgaben sind, desto mehr der R ansteigt

b) *Mit …* wachsenden Ko. ansteigt der R

7. Diese Zunahme rührt auch daher, dass die Recyclingquoten für die meisten Materialien immer noch sehr niedrig und z. T. sogar rückläufig sind.

Die für die meisten M in - - - nidrigen rückläufigen

sind ein weiterer Grund für diese Zunahme.

8. Aufgrund der immer kürzer werdenden Erneuerungszyklen dürfte ein Großteil der Geräte bereits verschrottet sein.

Da ~~der~~ E im kurzer werden,

ist ein Großteil der Geräte bereits verschrottet.

9. Nach einer Studie der United Nations University verbraucht die Herstellung eines einzigen PCs bis zu 1,8 t Ressourcen (Passiv) durch

→ werden 1.8t Ressourcen ~~für~~ der Herstellung eines einzigen PCs verbraucht.

10. Die von verschiedenen Herstellern in den 90er Jahren angekündigten „Ökocomputer" lassen bis heute auf sich warten.

→ Die „Ökocomputer", die von - - - - angekündigt werden,

11. Die rasch wachsende Ausstattung mit PCs und anderen elektronischen Haushaltsgeräten dürfte in den nächsten Jahren zu großen Entsorgungsproblemen führen.

Die Ausstattung, die rasch wächst ~~…~~,

wird in den nächsten Jahren - - - - verursachen.

13.3 Sprechen

Tabelleninterpretation – Partnerarbeit

Tabelle „Konsum weltweit“ und „Versorgung mit elektronischen Konsumartikeln“, S. 97

1. Präsentation: Jeder Partner wählt eine Tabelle und präsentiert sie seinem Gegenüber.
2. Diskussion

Gehen Sie bei Ihrer Präsentation und der anschließenden Diskussion auf folgende Fragen ein:

- Welche Länder/Regionen haben den höchsten Anteil am globalen Privatkonsum bzw. an der Versorgung mit elektronischen Konsumgütern und wie lässt sich dies erklären?
- Welche Parallelen lassen sich zwischen den beiden Tabellen ziehen?
- Was kann man zum Verhältnis zwischen dem Privatkonsum einzelner Regionen und ihrem Anteil an der Weltbevölkerung sagen? Welche Schlussfolgerungen lassen sich daraus ziehen?
- Wie oft braucht man Ihrer Meinung nach einen neuen Fernseher oder PC bzw. ein neues Handy? Welche Faktoren spielen dabei eine Rolle?
- Wie häufig werden elektronische Geräte in Ihrem Heimatland erworben?
- Vergleichen Sie die Konsumgewohnheiten in Deutschland mit denen in Ihrem Heimatland und suchen Sie Ursachen für die eventuellen Unterschiede.

Tipps (vgl. Abschnitt 11.3)

Achten Sie bei Ihrer Präsentation auf den Gebrauch des Artikels bei Ländernamen (z. B. Konsumgewohnheiten in den USA/in der Ukraine/in Westeuropa/in Deutschland)

Redemittel:

verbrauchen > Verbrauch (m.)
konsumieren > Konsum (m.)
erwerben > Erwerb (m.)
besitzen > Besitz (m.)

der Anteil dieses Landes an (Dat.)
das Verhältnis zwischen (Dat.) und (Dat.)

14 Positive Depressionen

Kann eine tiefe seelische Verstimmung auch Vorteile bringen? Ja, sagen einige Biologen.

[1] Vier Millionen Menschen leiden in Deutschland unter einer so heftigen Depression, dass sie ärztlich behandelt werden müssen. Die meisten Selbstmorde gehen auf das Konto einer solchen psychischen Störung. Nach einer aktuellen Hochrechnung der Weltgesundheitsorganisation (WHO) werden die Depressionen in 15 Jahren weltweit – nach Herz-Kreislauf-Leiden – an zweiter Stelle der lebensverkürzenden Krankheiten stehen.

[2] Nun behaupten einige Wissenschaftler, diese psychische Erkrankung habe durchaus ihre positiven Seiten. Urheber der provozierenden These ist Edward Hagen vom Institut für Theoretische Biologie an der Berliner Humboldt-Universität. Seiner Meinung nach erfüllt eine Depression eine wichtige Funktion: Sie erzwingt soziale Unterstützung.

[3] „Trotz negativer Gefühle gegenüber Depressiven sind Partner, Familie und Bekannte bereit, ihnen Fürsorge, Hilfe, Rat und andere Formen der Unterstützung zukommen zu lassen", argumentiert Hagen. Auch der Biologe Paul Watson von der University of New Mexico und der Psychiater Andy Thomson von der University of Virginia vertreten diese Auffassung. Sie sehen in Depressionen eine entwicklungsgeschichtlich alte und durchaus probate Strategie „schwacher" Personen, ihre soziale Gruppe für sich einzunehmen.

[4] Hagen betrachtet die psychische Erkrankung als sinnvolle Anpassung an veränderte Bedingungen. „Die Fähigkeit, deprimiert sein zu können, hilft, schwierige soziale Situationen zu bewältigen." Diese Sicht würde erklären, warum die seelische Störung nicht von der Evolution aus unserem psychischen Repertoire „herausgemendelt" wurde.

[5] Hagen versucht, seine These empirisch zu untermauern. In einer Studie über die „postpartale Depression" nach der Geburt eines Kindes bei 240 jungen Müttern und Vätern fand er heraus: Der völlige Verlust an Interesse und an Fürsorge für das Kind bei einem Elternteil führt in der Regel dazu, dass sich der Partner stärker engagiert. Dieser Zusammenhang wurde vor allem bei depressiven Müttern deutlich, die so ein stärkeres Engagement der Väter erzwangen.

[6] Auch bei anderen Formen der Depression, folgert der Biologe, funktioniert das anhaltende Stimmungstief wie ein Arbeitsstreik, der dazu führt, dass die Aufgabenverteilung neu verhandelt wird. So werde die Balance der Gegenseitigkeit in einer sozialen Gruppe wieder hergestellt, und zwar im Interesse der Depressiven.

[7] Der Berliner Wissenschaftler fordert deshalb zum Umdenken auf. Depressionen sollten nicht allein als schwerwiegende Erkrankungen angesehen werden, die möglichst rasch geheilt werden müssten. Eine Therapie mit Psychopharmaka allein sei keine Lösung, selbst wenn sie die quälenden Symptome lindere. Vielmehr sollten Psychiater verstärkt nach den sozialen Konflikten fahnden, die ihren Patienten das Leben schwer machen: „Depression ist eine Art Fieber. Sie signalisiert, dass eine tiefer gehende Heilung nötig ist."

Quelle: Bild der Wissenschaft 1/2005, S. 64, Verfasserin: Eva Tenzer

14.1 Leseverstehen und Wortschatz

1. Wie reagiert nach Einsicht der erwähnten Wissenschaftler die nächste Umgebung auf die depressiven Personen? (1 Satz)

   ____

2. Fassen Sie in drei bis vier zusammenhängenden Sätzen zusammen, in welcher Hinsicht die Depression für die deprimierte Person von Vorteil sein kann.

   ____

   ____

   ____

3. Formulieren Sie Überschriften für die Abschnitte [4] und [5].

   ____

   ____

4. Welche Textstelle unterstreicht die Rolle der Depressionen in der Aufrechterhaltung des Gleichgewichts innerhalb sozialer Einheiten?

   ____

5. Lehnt Edward Hagen die Therapie mit Psychopharmaka in der Behandlung von Depressionen gänzlich ab? (1 Satz)

   ____

   ____

6. Womit erklärt sich die Tatsache, dass die Tendenz zu Depressionen im Laufe der Evolution nicht eliminiert wurde? (1 Satz)

   ____

7. Worauf bezieht sich „dieser Zusammenhang" im Abschnitt [5]? Welcher Zusammenhang ist gemeint?

   ____

8. Womit wird im Text die Funktionsweise der Depressionen verglichen?

   ____

9. Formulieren Sie den folgenden Satz um: Die meisten Selbstmorde *gehen auf das Konto* einer solchen psychischen Störung.

   ____

10. Suchen Sie Synonyme im Text:

    Abschnitt [3]: a) Standpunkt, Meinung ______________________________

    Abschnitt [4]: a) Umstände ______________________________

    Abschnitt [5]: a) grundsätzlich, oft, regelmäßig ______________________________

    b) ermitteln ______________________________

    c) Mutter oder Vater ______________________________

    d) durch wissenschaftliche Experimente beweisen ______________________________

14.2 Strukturen: Aufgaben

I Worauf beziehen sich folgende Wörter?

a) „sie“ (Z. 36) ______________________________

b) „ihren“ (Z. 37) ______________________________

II Formulieren Sie die folgenden Sätze um, ohne ihren Sinn zu verändern.

1. Nach einer aktuellen Hochrechnung der Weltgesundheitsorganisation werden die Depressionen in 15 Jahren weltweit – nach Herz-Kreislauf-Leiden – an zweiter Stelle der lebensverkürzenden Krankheiten stehen.
   →

2. Trotz negativer Gefühle gegenüber Depressiven sind Partner, Familie und Bekannte bereit, ihnen Fürsorge, Hilfe, Rat und andere Formen der Unterstützung zukommen zu lassen.
   (obwohl) →

   (zwar … aber) →

3. Edward Hagen betont: „Die Fähigkeit, deprimiert sein zu können, hilft, schwierige soziale Situationen zu bewältigen.“
   →

4. Der völlige Verlust an Interesse und an Fürsorge für das Kind bei einem Elternteil führt in der Regel dazu, dass sich der Partner stärker engagiert.
   →

5. Dieser Zusammenhang wurde vor allem bei depressiven Müttern deutlich, die so ein stärkeres Engagement der Väter erzwangen.
   →

6. Auch bei anderen Formen der Depression, folgert der Biologe, funktioniert das anhaltende Stimmungstief wie ein Arbeitsstreik, der zu einer neuen Aufgabenverteilung führt.
   →

sollten man nicht ansehen,

7. Depressionen sollten nicht als schwerwiegende Erkrankungen angesehen werden, die möglichst rasch geheilt werden müssten. (Aktiv)
→ ~~Man sollte nicht für schwer ... halten.~~
die man mögl heilen müsste

8. Eine Therapie mit Psychopharmaka allein sei keine Lösung, selbst wenn sie die quälenden Symptome lindere.
(zwar … aber) → Zwar sei eine Therpie , aber
Zwar lindere eine Therapie
(trotzdem) → Trotzdem sei eine . sei
eine Therapie aber.
Zwar lindere sie die ...., sei

9. Eine Therapie mit Psychopharmaka ist keine Lösung. Vielmehr sollten Psychiater verstärkt nach den sozialen Konflikten fahnden, die ihren Patienten das Leben schwer machen.
(statt … zu) → statt eine zu verschieben.
Therapie mit psychopharmaka.

14.3 Sprechen

Stress macht alt

Man hat schon lange vermutet, dass Stress den Alterungsprozess beschleunigt. Doch Beweise dafür gab es bislang nicht. Erst Ende 2004 haben die US-Wissenschaftlerinnen Elisabeth Blackburn und Elissa Epel von der University of California nachweisen können, dass unter Druck stehende Personen wesentlich schneller altern.
Eine Schlüsselrolle im Alterungsprozess der einzelnen Zellen spielen die so genannten Telomere. Ein Telomer umhüllt das Ende des Chromosoms wie eine Art Schutzkappe. Bei jeder Zellteilung werden diese Kappen etwas kürzer, bis sie am Ende so reduziert sind, dass sich die Zellen nicht mehr teilen können. Im Laufe dieses Prozesses lassen die Muskelleistungen, das Denkvermögen und die Sehkraft nach und es bilden sich Falten, d. h., man altert.
Mit anderen Worten, der Alterungsprozess lässt sich an der Länge der Telomere beobachten: Je älter die Zelle, desto kürzer sind ihre Telomere. Und bei den 58 Versuchspersonen, die von dem US-Team über einen längeren Zeitraum beobachtet wurden, stellte sich heraus, dass diejenigen, die besonders gestresst waren, die kürzesten Telomere aufwiesen.
Psychischer Druck kann sich also auf die körperlichen Funktionen auswirken: Er lässt uns schneller altern.

Partnerarbeit: Diskussion

1. Überlegen Sie gemeinsam:

   - welche anderen physischen Konsequenzen Stress, Depressionen und andere psychische Belastungen haben können
   - wie sich Stress auf die Konzentration, das Reaktions- und Leistungsvermögen und die intellektuellen Fähigkeiten auswirkt
   - welche Gegenmaßnahmen man gegen übermäßigen Stress ergreifen kann
   - ob Stress auch positive Effekte haben kann

2. Erstellen Sie gemeinsam eine Liste von Situationen, die Sie sowie Ihr Gegenüber für besonders stressig bzw. besonders entspannend halten.

Partner 1		Partner 2	
stressig	entspannend	stressig	entspannend

15 Böden und Ernährung

[1] Böden sind komplexe ökologische Systeme, die den Lebensraum und die Lebensgrundlage für eine Vielzahl von Pflanzen, Tieren und Mikroorganismen bilden. Durch die Speicherung von Wasser und die Umwandlung sowie den Transport von Stoffen übernehmen sie wichtige Regelungsfunktionen im Naturhaushalt.

[2] Zunehmende Wirtschaftstätigkeiten und globales Bevölkerungswachstum bedrohen heute die Böden in ihrer Existenz und ihrer Qualität. Insbesondere für die Sicherheit der Nahrungsmittelversorgung ist der Erhalt fruchtbarer Ackerböden von herausragender Bedeutung. Die Datenlage über den Zustand der Böden und das Ausmaß der Bodenzerstörung ist angesichts der Gefahren völlig unzureichend.

[3] Nach Angaben der Welternährungsorganisation (FAO) waren 2000 von den 130,6 Mio. km² eisfreier Landoberfläche der Erde 29,6 % von Waldflächen und 38,1 % von landwirtschaftlich genutzten Flächen (11,5 % von Äckern und 26,6 % von Weiden) belegt. Zu den restlichen 32,3 % gehören u. a. nicht landwirtschaftlich genutztes Grasland, Feuchtgebiete sowie die menschlichen Siedlungen und Verkehrsinfrastrukturen. Nach Ergebnissen der bisher einzigen weltweiten Untersuchung der Böden im Auftrag des Umweltprogramms der Vereinten Nationen (UNEP) waren 1990 auf nahezu 15 % der eisfreien Landoberfläche deutliche Degradationserscheinungen zu beobachten, die durch den Menschen verursacht wurden. Betroffen sind 38 % des Ackerlandes, 21 % des Dauergrünlandes und 18 % der Wälder und Savannen. Der größte Beitrag stammt dabei mit 51 % von der Wassererosion, d. h. dem Abtrag der Bodensubstanz durch Niederschlag und Fließgewässer. 28 % der Schädigungen entstehen durch Winderosion. Durch Wasser- und Winderosion zusammen gehen jährlich 75 Mrd. t an Boden verloren. Während sich in einem Jahr nur etwa 1 – 2 t Boden pro Hektar neu bilden, werden in Europa und in den USA im selben Zeitraum 17 t, in Asien, Afrika und Südamerika sogar bis zu 30 – 40 t Boden pro ha abgetragen. In vielen Regionen ist auf diese Weise in den letzten 150 Jahren die Hälfte des fruchtbaren Ackerbodens verloren gegangen. Allein in Südasien belaufen sich die Folgekosten der Bodendegradation laut FAO auf 10 Mrd. US-$ pro Jahr.

[4] Ein erheblicher Teil ehemals fruchtbarer Böden geht durch Wüstenbildung verloren. Von mäßiger bis starker Wüstenbildung betroffen sind heute mehr als 110 Länder und mehr als 70 % der landwirtschaftlich genutzten Trockengebiete. Dürre und Bodenverödung bedrohen das Leben von weltweit 1,2 Mrd. Menschen, da sie zur Sicherung ihrer Grundbedürfnisse auf das Land angewiesen sind. China z. B. verliert durch Wüstenbildung jährlich 2.550 km² Land. 40 % der afrikanischen Bevölkerung leben in Gebieten, die von Wüstenbildung gefährdet oder in nächster Zeit betroffen sind. Beim Ausbleiben von Gegenmaßnahmen könnte das in Afrika verfügbare Ackerland bis zum Jahr 2025 um zwei Drittel gegenüber 1990 zurückgehen. Nach Angaben von UNEP erstrecken sich die Gebiete, die von Wüstenbildung gefährdet sind, über 40 % der Erdoberfläche. Es ist zu befürchten, dass weltweit mehr als 135 Mio. Menschen in den nächsten Jahren wegen sinkender Bodenerträge ihre Heimat verlassen müssen.

[5] Die Ursachen der Bodendegradation sind kleinräumig variabel, treten häufig gemeinsam auf und beeinflussen sich gegenseitig. Im globalen Durchschnitt und stark vereinfachend ergibt sich folgendes Bild: Über 90 % der weltweiten Bodendegradation werden

– zu etwa gleichen Teilen – durch Abholzung von Wäldern, Überweidung und nicht angepassten Ackerbau verursacht. Während in den Industriestaaten die Überdüngung, der Einsatz schwerer landwirtschaftlicher Maschinen beim Pflügen und die Verwendung von Pestiziden verbreitete Probleme darstellen, sind in den Entwicklungsländern vor allem Entwaldung und Überweidung von Bedeutung.

[6] Zusätzlicher „Stress“ für die Böden wird von der globalen Erwärmung erwartet. Laut IPCC könnte die Bodenfruchtbarkeit in den Tropen und Subtropen aufgrund der Erwärmung und der Verschiebung des Monsunregens in diesem Jahrhundert um ein Drittel zurückgehen.

Quelle: Der Fischer Weltalmanach 2005, S. 688

15.1 Leseverstehen und Wortschatz

1. Ordnen Sie zu

a) Winderosion	1) Umweltprogramm der Vereinten Nationen (United Nation Enviroment Programme)
b) IPCC	2) Abtrag der Bodensubstanz durch Windenergie
c) Überweidung	3) Zerstörung von fruchtbarem Boden
d) Bodendegradation	4) Zwischenstaatliche Kommission für Klimaveränderungen (Intergovernmental Panel on Climate Change)
e) UNEP	5) Haltung zu vieler Tiere auf einer zu kleinen Weidefläche

Lebensraum / Lebensgrundlage für Pflanzen / Tiere / Mikro…

2. Wie wird die Rolle der Böden in den Abschnitten [1] und [2] dargestellt? (2 – 3 Sätze)

Böden gelten als ein Regelungsfunktion im Naturhaushalt. Böden sind komplex ökologische system.

3. Wie viele weltweite Studien über die Lage der Böden wurden bis heute durchgeführt?

1 Studien.

4. In welchem Abschnitt werden die Auswirkungen der Bodendegradation auf das Leben der Menschen erwähnt? Fassen Sie diese in 2 – 3 Sätzen zusammen.

4. Bedrohnung von weltweit 1.2 Mrd Menschen sie zur sicherung 40% Afrika bedroht

5. Verfügt man zurzeit über genug Informationen über den Zustand der Böden?

Nein. die Datelage über der Zustand sind völlig unzureichend

6. Nennen Sie stichwortartig die Ursachen der Bodendegradation, die typisch für die Industrie- bzw. die Entwicklungsländer sind.

a) Industrieländer: Landwirtschaftlicher Maschinen beim Pflügen Die Verwendung von

b) Entwicklungsländer: Entwoldung Überweidung.

7. Unterteilen Sie die folgenden Erscheinungen in Ursachen und Konsequenzen der Bodendegradation.

Überweidung, Wüstenbildung, Verlassen der Heimat, falsche Bodenbewirtschaftung, globale Erwärmung, Abholzung, Probleme mit der Nahrungsmittelversorgung

a) Ursachen: false Bodenbewirtschaftung / Abholzung Überweidung

b) Konsequenzen: globale Erwärmung / P mit der Nar Wüstenbildung

8. Bilden Sie Nomen aus den folgenden Verben

a) abtragen Abtrag

b) abholzen Abholzung

c) erodieren ______

d) verwenden Verwendung

e) nutzen Nutzung

f) zurückgehen ______

g) erhalten Erhaltung

h) beitragen Beitrag

9. Suchen Sie im Text Synonyme für die folgenden Wörter.

Abschnitt [2]: a) wachsend, immer größer ______

b) außerordentlich wichtig, groß ______

Abschnitt [3]: a) Resultat ______

b) Informationen, Daten ______

c) fast, beinahe ______

d) betragen ______
(bei statistischen Daten, Zahlen, Anteilen, Mengen)

Abschnitt [4]: a) groß, beträchtlich ______

b) geringer werden, sinken ______
(bei Zahlen, Trends, Entwicklungen)

c) bedroht, in Gefahr ______

15.2 Strukturen: Aufgaben

I Worauf beziehen sich die folgenden Wörter?

a) „sie“ (Z. 32) 1,2 Mrd Menschen.

b) „es“ (Z. 39) ______

II Wandeln Sie die folgenden Sätze um, ohne ihren Sinn zu verändern.

1. Durch die Speicherung von Wasser und die Umwandlung sowie den Transport von Stoffen übernehmen sie wichtige Regelungsfunktionen im Naturhaushalt.

   → Indem sie Wasser speicheren und ~~den sowie den Transport von stoffen umwandlen~~ umwandln sowie von Stoffen transportieren

   连词 ~~durch~~

2. Zunehmende Wirtschaftstätigkeiten und globales Bevölkerungswachstum bedrohen heute die Böden in ihrer Existenz und ihrer Qualität. (Passiv)

   → Die Böden werden ~~von~~ durch zunehmenden Wirtschaftstätigkeiten un . . . — . . . bedroht.

3. Insbesondere für die Sicherheit der Nahrungsmittelversorgung ist der Erhalt fruchtbarer Ackerböden von herausragender Bedeutung.

   →

4. Zu den restlichen 32,3% gehören u.a. nicht landwirtschaftlich genutztes Grasland, Feuchtgebiete sowie die menschlichen Siedlungen und Verkehrsinfrastrukturen.

   → das Grasland, das landwirtschaftlich genutzt wieder kam

5. Nach Angaben von UNEP erstrecken sich die Gebiete, die von Wüstenbildung gefährdet sind, über 40% der Erdoberfläche.

   Wie UNEP angebt, erstrecken sich die von Wüstenbildung gefährten Gebiete über 40% der Erdoberfläche.

6. Ein erheblicher Teil ehemals fruchtbarer Böden geht durch Wüstenbildung verloren.

   → indem Wüsten bildt werden.

   dadurch, dass sich Wüsten bilden.

7. Dürre und Bodenverödung bedrohen das Leben von weltweit 1,2 Mrd. Menschen, da sie zur Sicherung ihrer Grundbedürfnisse auf das Land angewiesen sind.

   (denn) → denn sie sind zur Sicherung ihrer.

8. Es handelt sich um Gebiete, die von Wüstenbildung gefährdet oder in nächster Zeit betroffen sind.

→ um die von Wüstenbildung gefährdete Gebiete oder in nächster Zeit betroffende Gebiete.

9. Beim Ausbleiben von Gegenmaßnahmen könnte das in Afrika verfügbare Ackerland bis zum Jahr 2025 um zwei Drittel gegenüber 1990 zurückgehen.

→ Wenn Gegenmaßnahmen ausbleiben, könnte das Ackerland, das es in Afrika verfügt wird,

10. Nach Ergebnissen der bisher einzigen weltweiten Untersuchung der Böden waren 1990 deutliche Degradationserscheinungen zu beobachten, die durch den Menschen verursacht wurden.

→ Wie die bischer einzige weltweite Untersuchung der Böden ergeben / zu verursachen waren

11. Es ist zu befürchten, dass weltweit mehr als 135 Mio. Menschen in den nächsten Jahren wegen sinkender Bodenerträge ihre Heimat verlassen müssen.

→ Es wird befürchtet, weil Bodenerträge sich sinken.

12. Über 90% der weltweiten Bodendegradation werden durch Abholzung von Wäldern verursacht.

→ , indem man Wäldern abholzt, dadurch, dass man von Wäldern abholzen verursacht.

13. Während in den Industriestaaten die Überdüngung, der Einsatz schwerer landwirtschaftlicher Maschinen beim Pflügen und die Verwendung von Pestiziden verbreitete Probleme darstellen, sind in den Entwicklungsländern vor allem Entwaldung und Überweidung von Bedeutung.

(hingegen/demgegenüber) →

14. Laut IPCC könnte die Bodenfruchtbarkeit in den Tropen und Subtropen aufgrund der Erwärmung und der Verschiebung des Monsunregens in diesem Jahrhundert um ein Drittel zurückgehen. (ohne Modalverb)

→ Laut IPCC hatten die Bodenfrucht Möglichkeit, in . . . . . ein Drittel zurückzugehen.

15.3 Sprechen

Klimawandel

Bodendegradation bzw. Desertifikation ist nur eine von vielen Folgen des menschlichen Umgangs mit den natürlichen Ressourcen.

1. Diskutieren Sie ausgehend von der nachstehenden Übersicht über ein anderes gravierendes Umweltproblem: über den so genannten globalen Klimawandel und dessen Konsequenzen.

   Industrielle Produktion
   Verbrennung fossiler Energieträger (Kohle, Erdgas, Erdöl)

   ↓

   steigende Konzentration der Stoffe/Gase in der Atmosphäre, die die Sonnenstrahlen ungehindert passieren lassen

   ↓

   globale Erwärmung

   ↓

   Hitzewellen und Dürreperioden
   landwirtschaftliche Probleme, Missernten
   Waldbrände
   Abschmelzen der Polkappen und Überschwemmungen
   Aussterben von Tieren und Pflanzen
   Anstieg von Durchfall- und Malariaerkrankungen

2. Versuchen Sie dabei, zu den folgenden Fragen Stellung zu nehmen:

   Welche Umweltprobleme stehen in einem besonders engen Zusammenhang mit menschlichen Aktivitäten?
   Wie kann man den einzelnen Umweltproblemen entgegenwirken?
   Wie kann jeder Einzelne zum Umweltschutz beitragen?

3. Überlegen Sie, auf welche „umweltschädigenden Aktivitäten“ Sie selbst verzichten könnten bzw. auf keinen Fall verzichten wollen.

   Tipp:
   Benutzen Sie beim Sprechen möglichst viele Verben und Wendungen zum Ausdruck der Kausalität

   Beispiele:
   Die globale Erwärmung kann Hitzewellen verursachen/hervorrufen/auslösen.
   Die globale Erwärmung kann zu Hitzewellen führen./kann dazu führen, dass ...
   Durch die globale Erwärmung können Hitzewellen verursacht/hervorgerufen werden.

16 Vitaminschock

[1] „Kellogg's-Produkte enthalten zu viele Vitamine", sagt Paolo Drostby von der dänischen Lebensmittelbehörde DVFA. Mit dieser absurd wirkenden Begründung hat die Behörde dem Lebensmittelgiganten Mitte August den Verkauf von 18 Produkten verboten. Die Entscheidung basiert auf einer Risikoanalyse des Dänischen Instituts für Lebensmittel- und Veterinärforschung DFVF. Sie ergab, dass die zugesetzten Vitamine und Mineralien zu viel des Guten sind. Anhand dänischer Essgewohnheiten errechneten die DFVF-Forscher, dass die Beimengen an Eisen, Kalzium, Folsäure und Vitaminen B6 und B12 in Kellogg's Produkten wie Cornflakes oder Coco Pops zu Gesundheitsschäden von Leber und Nieren führen können. Besonders Kinder sind dadurch gefährdet. Immerhin nehmen 70 Prozent der dänischen Kinder im Alter von 4 bis 10 Jahren über Getreideflocken, Milchmixgetränke und andere Produkte regelmäßig Lebensmittelergänzungen zu sich.

[2] „Bei Kindern ist noch wenig darüber bekannt, welche Höchstmengen an Vitaminen sie ohne schädliche Auswirkungen vertragen", erklärt Dr. Mathilde Kersting vom Forschungsinstitut für Kinderernährung in Dortmund. Wie die Dortmunder Forscher in ihrer so genannten DONALD-Studie feststellten, konsumieren deutsche Kinder ebenfalls viele zugesetzte Nährstoffe: Mehr als 90 Prozent der 2- bis 18-jährigen Kinder verzehren innerhalb von drei Tagen mindestens einmal mit Vitaminen und Mineralien angereicherte Fertigprodukte.

[3] Das Dortmunder Institut hatte seit 1985 das Ernährungsverhalten von Kindern analysiert. Wie sich herausstellte, sind die wichtigsten Quellen für zugesetzte Nährstoffe Getränke und Getränkepulver. Häufig verzehrt werden auch Produkte, die explizit als „Kinderlebensmittel" beworben werden und dem Geschmack der jungen Kundschaft entsprechend stark gezuckert sind. Es sind vor allem Getreideprodukte, meist so genannte Frühstückscerealien. Mithilfe einer Markterhebung hat das Dortmunder Institut herausgefunden, dass 7- bis 9-Jährige auf diese Weise je nach Nährstoff 200 bis 700 Prozent der von der DGE (Deutsche Gesellschaft für Ernährung) empfohlenen Tagesdosis zu sich nehmen.

[4] Dabei rät das deutsche Bundesinstitut für Risikoforschung: Die über angereicherte Nahrungsmittel aufgenommenen Vitamine sollten nicht mehr als das Dreifache der von der DGE empfohlenen täglichen Vitaminzufuhr betragen. Bei Mineralien sollte sogar die einfache DGE-Empfehlung nicht überschritten werden. Entsprechende Höchstmengen sind in Dänemark jetzt verbindlich, in der übrigen EU werden sie nur empfohlen. „Da deutsche Kinder aber viel zugesetzte Vitamine und Mineralien zu sich nehmen und ein ernährungsphysiologisch sinnvolles Konzept bei der Anreicherung meist nicht erkennbar ist – wie unsere DONALD-Daten zeigen –, wäre es sinnvoll, ähnlich rigide wie in Dänemark vorzugehen", sagt Kersting.

[5] Das deutsche Bundesministerium für Verbraucherschutz, Ernährung und Landwirtschaft arbeitet nach eigenen Angaben selbst an Vorschlägen. Generell ist es schwierig, in Deutschland den Handel von Produkten mit stark angereicherten Nährstoffen zu verbieten. Denn in der EU gelten die Regeln des freien Warenverkehrs. Nach EU-Recht darf Deutschland nur die Produkte verbieten, die nachweislich die Gesundheit gefährden oder deren Werbeaussagen als irreführend gelten. Zwar überschreiten viele

ausländische Produkte das Limit des Bundesinstituts für Risikoforschung, aber da es sich nur um Empfehlungen handelt, haben die Gesundheits- und Verbraucherschutzbehörden keine juristische Grundlage zum Handeln. Die EU-Kommission versuchte im November letzten Jahres, in Europa einheitliche Obergrenzen für nährstoffangereicherte Lebensmittel festzulegen, scheiterte aber im Europaparlament. Kellogg's befürchtet nun offenbar einen Präzedenzfall und will den dänischen Beschluss gerichtlich prüfen lassen.

Quelle: Bild der Wissenschaft 12/2004, Verfasserin: Anika Fiebich

16.1 Leseverstehen und Wortschatz

1. Fassen Sie kurz das Ergebnis der Risikoanalyse des Dänischen Instituts für Lebensmittel- und Veterinärforschung zusammen. Welche Konsequenz hatte die Studie? (Stichpunkte)

   Ergebnis: L und Ver enthalten zu viele Mineralien und Vitamin.

   Konsequenz: Diese schäden ~~Kinds~~ Kinder. Leber und Nieren der

   Verkaufsverbot.

2. Formulieren Sie die Überschriften.

   Abschnitt [1]: Kellug's Produkte führen zu Gesundheitsschäden

   Abschnitt [3]: Getränk und G-pulver sind witchtig Qullen von —

3. In welchem Punkt stimmen die dänische Risikoanalyse und die deutsche DONALD-Studie überein? (1 Satz)

   bestimmte Lebensmittel

4. Geben Sie die Empfehlungen des Bundesinstituts für Risikoforschung in eigenen Worten wieder. (2 Sätze)

   Die über angereicherte Narungsmittel aufgenommen Vitamin sollte nicht mehr als dreifach

5. Der Umgang mit nährstoffangereicherten Lebensmitteln ist in Dänemark anders geregelt als in den restlichen EU-Ländern. Welche Textstelle drückt diesen Unterschied aus?

   33. Entsprechende ~~Höhe~~ Höchstmengen

6. Formulieren Sie den markierten Satzteil neu: „Nach EU-Recht darf Deutschland nur die Produkte verbieten, *die nachweislich die Gesundheit gefährden.*"

   die nachgewiesen wurde dass sie die Gesundheit beschädigen

7. Suchen Sie im Text Synonyme für die folgenden Ausdrücke:

   Abschnitt [1]: a) staatliche oder örtliche Dienststelle/Amt ~~Produkte~~. Behörde

   b) Erzeugnisse Produkte

   Abschnitt [2]: a) essen, konsumieren Verzieh

Abschnitt [3]: a) sich erweisen, sich zeigen herausstellen sich
b) klar, deutlich, direkt, ausführlich ______
Abschnitt [4]: a) verpflichtend ______
Abschnitt [5]. a) täuschend, trügerisch ______

8. Erklären Sie den Ausdruck *nährstoffangereichert* (5. Abschnitt) aus der Wortbildung.

______

9. Worauf beziehen sich die Ausdrücke „Lebensmittelgigant“ (1. Abschnitt) und „junge Kundschaft“ (3. Abschnitt)?

______

______

10. Ordnen Sie zu:

1. die Gesundheit — a) überschreiten
2. mit Vitaminen — b) anreichern
3. die empfohlene Tagesdosis — c) gefährden
4. zu Gesundheitsschäden — d) führen

16.2 Strukturen: Aufgaben

I Worauf beziehen sich die folgenden Wörter?

a) „dadurch“ (Z. 10) ______
b) „es“ (Z. 36) ______
c) „es“ (Z. 39) ______

II Formulieren Sie die folgenden Sätze um, ohne ihren Sinn zu verändern.

1. Mit dieser absurd wirkenden Begründung hat die Behörde dem Lebensmittelgiganten Mitte August den Verkauf von 18 Produkten verboten.
→ Mit dieser Begründung, die absurd wirkt, hat.
Mit August verboten, 18 Produkten zu verkaufen

2. Wie die Dortmunder Forscher in ihrer so genannten DONALD-Studie feststellten, konsumieren deutsche Kinder ebenfalls viele zugesetzte Nährstoffe.
→ Laut der Feststellung der Dortmunder Forscher in ihrer so genannten Don---Studie.

3. Die über angereicherte Nahrungsmittel aufgenommenen Vitamine sollten nicht mehr als das Dreifache der von der DGE empfohlenen täglichen Vitaminzufuhr betragen.
→ Die Vitamine, die über angereicherte Nahrungsmittel aufgenommen ~~wird~~, werden, der täglichen Vitaminzufuhr, ~~der~~ die von DGE empfohlen ~~werden~~, wird

4. Entsprechende Höchstmengen sind in Dänemark jetzt verbindlich, in der übrigen EU werden sie nur empfohlen. 被动

→ In der übrigen EU empfiehlt man sie nur

5. Da deutsche Kinder aber viel zugesetzte Vitamine und Mineralien zu sich nehmen und ein ernährungsphysiologisch sinnvolles Konzept bei der Anreicherung meist nicht erkennbar ist, wäre es sinnvoll, ähnlich rigide wie in Dänemark vorzugehen.

→ erkennt ist wird werden · | sich erkennen meist sich lässt
- erkannt wird kann werden | zu erkennen ist

6. Drücken Sie die im obigen Satz enthaltene kausale Beziehung anders aus.

(denn) → Es wäre sinnvoll, ______, denn da deutsche neh

(deshalb) → deshalb es sinnvoll wäre, äh

7. Zwar überschreiten viele ausländische Produkte das Limit des Bundesinstituts für Risikoforschung, aber die Gesundheits- und Verbraucherschutzbehörden haben keine juristische Grundlage zum Handeln.

→ Obwohl überschreiten viele ausländ , haben die Gesundheits . . . .

Viele ausländische Produkte überschr ,

trozdem haben die Gesundheits

16.3 Sprechen

Unterernährung

Nach statistischen Angaben zur globalen Ernährungssituation reichen rein rechnerisch die Nahrungsmittelbestände auf der Erde aus, um die gesamte Weltbevölkerung ausreichend zu versorgen. Doch aufgrund der enormen wirtschaftlichen Unterschiede herrschen in vielen Entwicklungsländern Zentralafrikas, z. T. auch in Zentralasien und Zentralamerika, nach wie vor Hunger und chronische Unterernährung. Als „unterernährt" gelten dabei generell die Bevölkerungsschichten, denen weniger als 2100 kcal pro Tag und pro Person zur Verfügung stehen.
Ein weiteres wichtiges Problem der Länder, deren Ernährungslage als kritisch gilt, ist die Qualität der Ernährung: Mangels natürlicher Ressourcen und finanzieller Mittel sind sie oft nicht in der Lage, ihren Bevölkerungen eine nährstoff- und abwechslungsreiche Ernährung zu bieten.
Trotz der leichten Zunahme der Lebensmittelproduktion in diesen Ländern führt das starke Bevölkerungswachstum dazu, dass die Pro-Kopf-Produktion von Nahrungsmitteln weiter zurückgeht.

1. Vergleichen Sie gemeinsam mit Ihrem Partner die Problematik des Texts „Vitaminschock" mit den Ernährungsproblemen der unterentwickelten Länder. Berücksichtigen Sie dabei:

   einerseits die Probleme der so genannten „Überschussgebiete" wie die USA und die EU
   - Fettleibigkeit
   - ernährungsbedingte gesundheitliche Beschwerden wie hoher Blutdruck und Kreislaufprobleme
   - gesundheitsschädigender Überschuss an Vitaminen und Mineralien
   - tägliches Wegwerfen von Nahrungsmitteln

   andererseits die Probleme, die sich aus der Unterversorgung mit Lebensmitteln ergeben
   - durch Unterernährung verursachte bzw. begünstigte Erkrankungen
   - Einfluss der Unterernährung auf die körperliche Entwicklung
   - Einfluss der Unterernährung auf die Lebenserwartung

2. Überlegen Sie, wie man die Entwicklungsländer mit Nahrungsmitteldefiziten dazu befähigen könnte, die nationale Ernährungslage aus eigener Kraft zu verbessern.

17 Zeig her deine Gene

[1] „Im September hat unser Gen-Chip ‚AmpliChip CYP45Q Test' das CE-Kennzeichen erhalten, das seinen Einsatz in der EU für diagnostische Zwecke erlaubt – als erster seiner Art“, freut sich Heino von Prondzynski, Leiter von Roche Diagnostics in Basel. Der Chip kann einem Arzt verraten, ob der Körper eines Patienten bestimmte Medikamente schnell, in normaler Geschwindigkeit oder nur langsam abbaut. Damit rückt ein seit Jahrzehnten gehegtes Traumziel näher: die personalisierte Pharmazie.

[2] Die Wirkung ein und desselben Medikaments ist von Patient zu Patient oft unterschiedlich: Während die Substanz bei dem einen Wunder wirkt, quält sie den anderen mit Nebenwirkungen, ohne die Krankheitssymptome merklich zu lindern. Das Antidepressivum Prozac beispielsweise wirkt nur bei 40 Prozent aller damit behandelten Patienten. Die Ärzte haben bisher keine andere Möglichkeit, als solche Medikamente auf gut Glück zu verschreiben. Registrieren sie nach Wochen einen Misserfolg, greifen sie zum nächsten Mittel. So kann es Monate dauern, bis das richtige Medikament gefunden ist. Nicht minder kritisch ist es bei Medikamenten, die zwar bei 99 Prozent der Patienten gut wirken, aber bei einem Prozent schwerste Nebenwirkungen verursachen.

[3] „Wir wollen dem Patienten sagen können, wie gut ein bestimmtes Medikament bei ihm wirken wird, bevor er es genommen hat“, sagte 1999 Forschungsmanager Dr. Michele Pedrocchi vom Pharmakonzern Hoffmann-LaRoche in Basel. Noch im selben Jahr gab es einen Silberstreif am Horizont: Prof. Jürgen Brockmöller, heute Direktor der Abteilung Klinische Pharmakologie am Universitätsklinikum Göttingen, ließ mit einem Test aufhorchen. Der zielte auf eines der Gene, die den Bauplan für das Enzym Cytochrom P450 tragen. Varianten dieses Enzyms finden sich vor allem in der Leber und bauen hier viele Medikamente ab, darunter Antidepressiva, Psychopharmaka, Schmerz- und Herz-Kreislauf-Mittel. „Manche Menschen besitzen die genetische Information für dieses Enzym sogar doppelt“, erklärte Brockmöller „während andere nur schwache Enzyme haben. Für sie können die Medikamente eine große Belastung sein.“ Der Göttinger Pharmakologe konnte nun präzise voraussagen, ob ein Patient zur Risikogruppe gehört.

[4] Ähnlich wie Brockmöllers Gen-Test prüft der 2004 zugelassene Roche-Chip eine Blutprobe auf 33 Varianten zweier Gene, die den Bauplan für das Enzym Cytochrom P450 tragen. Der AmpliChip ist für den Klinikalltag zugelassen und soll zu einem Stückpreis von 350 bis 400 Euro in den Handel gehen. Bevor künftig ein Arzt ein Medikament verschreibt, von dem bekannt ist, dass es je nach Patiententyp sehr unterschiedlich wirkt, kann er dem Patienten sicherheitshalber ein wenig Blut abzapfen. Die Blutprobe schickt er in ein Labor. Hier vervielfältigt ein Techniker einzelne Segmente des betreffenden Patienten-Gens. Trägt er die DNA-Schnipsel auf den Chip auf, suchen sie sich unter 15.000 dort fixierten Gen-Fragmenten ihren einzigen passenden Partner, mit dem sie sich zu einer Doppelhelix verbinden. Die Software des Auswertegeräts analysiert am Ende, wo auf dem Chip sich Pärchen gebildet haben und zu welchem Medikamenten-Reaktionstyp daher der Patient gehört. Wie bei der Blutgruppenbestimmung müsse auch diese Typisierung nur einmal im Leben gemacht werden, betont von Prondzynski.

[5] Ist damit das Ei des Columbus gefunden? Der Leiter des Lehrstuhls für Molekulare Genetik kardiovaskulärer Erkrankungen am Münsteraner Universitätsklinikum, Prof. Stefan Martin Brand-Herrmann, ist zurückhaltend: „Der Chip ist ein erster Schritt. Aber neben den Cytochromen spielen die allgemeine genetische Ausstattung des Patienten, Umwelteinflüsse und die Interaktion mit anderen Medikamenten eine Rolle bei der Dosierung eines Medikaments."

Quelle: Bild der Wissenschaft 1/2005, S. 110, Verfasserin: Janine Drexler

17.1 Leseverstehen und Wortschatz

Seinen Einsatz in erlaubt diagnostische Zwecke.

1. Erklären Sie die Bedeutung des im ersten Abschnitt erwähnten CE-Kennzeichens. (1 Satz)

   CE-K kann nähe personalisierte Pharmazie erreschen

2. Welcher Ausdruck steht im ersten Abschnitt für die Möglichkeit, die Wirksamkeit von Arzneimitteln für jeden Patienten individuell festzulegen?

   W

3. Aus welchem Anlass wurde der AmpliChip CYP450 entwickelt? (1 – 2 Sätze)

4. Erklären Sie den Zusammenhang zwischen dem Enzym Cytochrom P450 und den Reaktionen verschiedener Patienten auf Medikamente. (2 – 3 Sätze)

5. Wozu soll die Blutprobe vor der Verschreibung eines Medikaments dienen? (1 Satz)

6. Welche Faktoren muss man berücksichtigen, wenn man ein Arzneimittel verschreibt? (1 Satz)

7. Suchen Sie im Text Synonyme für die folgenden Ausdrücke.

   Abschnitt [1]: a) Verwendung, Gebrauch ______

   b) charakteristisches Merkmal bzw. Zeichen, Etikett ______

   Abschnitt [2]: a) Einfluss, begleitender Effekt ______

   b) feststellen, zur Kenntnis nehmen ______

   c) auslösen, hervorrufen ______

   d) Beschwerden/Schmerzen schwächer werden lassen ______

Abschnitt [3]: a) Arzneimittel ______________________

b) prophezeien, vorhersehen ______________________

Abschnitt [4]: a) in der Zukunft ______________________

b) um sicher zu sein, aus Sicherheitsgründen ______________________

Abschnitt [5]: a) Wechselspiel, Wechselwirkung, gegenseitige Beeinflussung

____

8. Ordnen Sie zu.

1. Blut	a) behandeln
2. in den Handel	b) wirken
3. ein Medikament	c) gehen
4. Wunder	d) verschreiben
5. Patienten/Krankheiten	e) abzapfen

17.2 Strukturen: Aufgaben

I Worauf beziehen sich die folgenden Wörter?

a) „damit" (Z. 5) ______________________

b) „dem einen" (Z. 8) ______________________

c) „es" (Z. 18) ______________________

d) „der" (Z. 22, *„Der zielte ..."*) ______________________

e) „hier" (Z. 24) ______________________

f) „sie" (Z. 27) ______________________

g) „er" (Z. 36) ______________________

II Formulieren Sie die folgenden Sätze um, ohne ihren Sinn zu verändern.

1. a) Im September hat unser Gen-Chip das CE-Kennzeichen erhalten, das seinen Einsatz in der EU für diagnostische Zwecke erlaubt.

→ das - - - - . erlaubendes CE-K erhalten

b) Im September hat unser Gen-Chip das CE-Kennzeichen erhalten, das seinen Einsatz in der EU für diagnostische Zwecke erlaubt.

→

2. Der Chip kann einem Arzt verraten, ob bestimmte Medikamente schnell, in normaler Geschwindigkeit oder nur langsam abgebaut werden.
Der Chip kann einem Arzt die Geschwindigkeit des Abbaus des Medikamen ________ verraten.

3. Damit rückt ein seit Jahrzehnten gehegtes Traumziel näher: die personalisierte Pharmazie.
→ rückt ein Traumziel näher, das seit Ja gehegt wurde.

4. Während die Substanz bei dem einen Wunder wirkt, quält sie den anderen mit Nebenwirkungen, ohne die Krankheitssymptome merklich zu lindern.
→ ohne dass die K merklich lindert werden.

5. Das Antidepressivum Prozac beispielsweise wirkt nur bei 40 Prozent aller damit behandelten Patienten.
→

6. Die Ärzte haben keine andere Möglichkeit, als solche Medikamente auf gut Glück zu verschreiben. (Modalverb)
→ *Die Ärzte …* könne nicht als

7. Registrieren sie nach Wochen einen Misserfolg, greifen sie zum nächsten Mittel. (Konnektor)
→

8. „Wir wollen dem Patienten sagen können, wie gut ein bestimmtes Medikament bei ihm wirken wird, bevor er es genommen hat“, sagte Dr. Pedrocchi.
→ *Dr. Pedrocchi sagte, …* sie wollen dem Pa sagen könnte, werde, bevor er … habe,

9. Der zielte auf eines der Gene, die den Bauplan für das Enzym Cytochrom P450 tragen.
→ eines der den Bauplan für … tragende Gene.

10. „Manche Menschen besitzen die genetische Information für dieses Enzym sogar doppelt“, erklärte Brockmöller „während andere nur schwache Enzyme haben. Für sie können die Medikamente eine große Belastung sein.“

→ *Brockmöller erklärte, dass...* würden besitzen. habe, könnten

11. Der Göttinger Pharmakologe konnte nun präzise voraussagen, ob ein Patient zur Risikogruppe gehört. (ohne Modalverb, Nominalisierung)

→ hatte die Möglichkeit, präzise vorauszusagen.
dass Gehören einer Patient

12. Der 2004 zugelassene Roche-Chip prüft eine Blutprobe auf 33 Varianten zweier Gene.

→ Der Roche-C, der 2004 zugelassen wurde

13. Bevor ein Arzt ein Medikament verschreibt, kann dem Patienten sicherheitshalber ein wenig Blut abgezapft werden.

→ Vor Verschreibungen des Medikament einer Arzt,
dem

14. Trägt er die DNA-Schnipsel auf den Chip auf, suchen sie sich unter 15.000 dort fixierten Gen-Fragmenten ihren einzigen passenden Partner.

→ unter 15000 G-F, die dort fixiert werden

15. Neben den Cytochromen spielt die genetische Ausstattung des Patienten eine Rolle bei der Dosierung eines Medikaments.
Die Frage, wie ____,
spielt eine Rolle bei der Dosierung eines Medikaments.

17.3 Sprechen

Fortschritte der Gentechnologie

Die Gentechnologie stellt ein Teilgebiet der Biologie dar, das sich in der letzten Zeit rasant entwickelt hat. So zeigen z. B. die Fortschritte im Bereich des Klonens, dass wir heutzutage weitaus mehr als früher in der Lage sind, die Natur nachzuempfinden und nachzubauen.
Allerdings gehört die Frage nach den Grenzen der Einsetzbarkeit der Gentechnologie zu den äußerst umstrittenen Diskussionsthemen, sowohl in der Fachwelt als auch in der breiten Öffentlichkeit. Es ist zwar allgemein anerkannt, dass der Einsatz der Gentechnologie in vielerlei Hinsicht positive Effekte haben kann bzw. hat. So kann man z. B. nicht bestreiten, dass die Gentechnik bedeutende Fortschritte bei der Erkennung und Therapie von Erbkrankheiten sowie bei der vorgeburtlichen Diagnostik erzielt hat.
Doch es wird immer wieder davor gewarnt, dass die Fortschritte der Gentechnologie die Forscher dazu verleiten könnten, „Menschen nach Maß“, d. h. genetische Modell-Menschen, zu erschaffen – etwa durch die Herstellung und Auswahl von Embryonen, die „erwünschte“ Eigenschaften besitzen.
Diskutieren Sie mit Ihrem Partner über die Nutzen und die Gefahren der Gentechnologie. Nehmen Sie dabei zwei entgegengesetzte Standpunkte ein.

A

- frühe Diagnose und Heilung von Krankheiten
- bessere Therapiemöglichkeiten bei bestimmten Krankheiten (z. B. Diabetes: Einsatz von gentechnisch produziertem Insulin)
- Geburt gesunder Kinder
- künstliche Befruchtung als Chance für kinderlose Ehepaare
- Klonen von menschlichen Organen: Möglichkeit, kranke Organe zu ersetzen

B

- Klonen bzw. Züchtung von „menschlichen Kopien“ – Prinzip der Würde und der Einmaligkeit eines jeden Menschen in Frage gestellt

Forscher als Zauberlehrling:
- Gefahr, Lebewesen zu züchten, die außer Kontrolle geraten
- Missbrauch der Gentechnologie

Benutzen Sie dabei die folgenden Redemittel:

- *Sie haben vielleicht Recht, aber man muss auch bedenken/berücksichtigen …*
- *In diesem Punkt stimme ich Ihnen zu, aber man darf nicht vergessen …*
- *Da kann ich Ihnen nicht ganz zustimmen, denn …*
- *Wäre es nicht besser, wenn …?*
- *Da bin ich anderer Meinung/da vertrete ich einen anderen Standpunkt.*
- *Ich bin nicht ganz dieser Meinung, denn …*
- *Da muss ich Ihnen leider widersprechen. Ich glaube nämlich, dass …*

18 Seine Durchleucht, der Pharao

Mord oder nicht Mord – das war die Frage, die in den letzten Jahren mit dem Namen Tutanchamun verbunden war. Eine Computertomographie sollte Klarheit bringen.

[1] Der König hatte die Blüte seiner Jahre noch vor sich, als er, wahrscheinlich 1324/23 v. Chr., unerwartet starb. Sein plötzlicher Tod und ein Knochensplitter im Hinterkopf sorgen bis heute für Spekulationen: Wurde Tutanchamun ermordet?

[2] Ein internationales Forscherteam unter Leitung des Generalsekretärs der ägyptischen Antikenverwaltung Zahi Hawass hat die prominente Mumie jetzt mit einem fahrbaren Computertomographen von Siemens gescannt.

[3] Über 17.000 CT-Bilder suggerieren: Tutanchamun war bei seinem Tod ein junger Mann von 19 Jahren – schlank, fast zierlich von Wuchs, mit 1,70 Meter nicht größer als die meisten seiner Untertanen. Er hatte ein langes Gesicht, und wenn er redete oder lachte, sah man seine großen Schneidezähne. Den leichten Überbiss teilte er mit vielen Mitgliedern seiner Familie – kein Wunder bei den inzestuösen Usancen altägyptischer Herrscherhäuser. Doch er war gesund – weder Mangelernährung noch Krankheiten hatten ihn geschwächt.

[4] Seit der britische Archäologe Howard Carter 1922 das goldgefüllte Grab des königlichen Jünglings entdeckt hatte, zieht „Tut" Forscher wie Laien gleichermaßen in seinen Bann. Carter glaubte, dass der junge Mann ein bedeutungsloser Herrscher gewesen sei. Heute sieht man seine Rolle als die eines umsichtigen Regenten, der versuchte, die radikalen Reformen seines Vorgängers Echnaton zu mäßigen.

[5] Das breite Publikum – in vier Monaten strömten 700.000 Besucher in die Bonner Kunsthalle, um sich die Grabbeigaben des Pharaos anzusehen – interessiert vornehmlich etwas anderes: seine märchenhaften Schätze und das Rätsel um seinen Tod.

[6] 1968 und noch einmal 1979 wurde die Mumie mit Röntgenstrahlen durchleuchtet. Knochensplitter im Hinterkopf deuteten auf Mord. Da Brustbein und viele vordere Rippen fehlten, kam aber auch Tod durch Unfall in Frage, bei dem die Brust zerschmettert wurde.

[7] Nach zweimonatigem Studium der Computerbilder meint das Obduktionsteam einstimmig: Kein Mord! Die Knochensplitter im Hinterkopf sind nach dem Tod dorthin gelangt, vielleicht beim Einbalsamieren. Brustbein und Rippen sind sauber abgeschnitten, wahrscheinlich schon von Carters Team auf der Suche nach Gold und Edelsteinen im Körperinneren.

[8] Doch es gibt eine neue Spur: Aus den vielen Knochenbrüchen, die vorwiegend auf die unsanfte Behandlung bei der Entdeckung 1922 zurückzuführen sind, fällt ein Bruch am linken Oberschenkel heraus. Im Gegensatz zu den anderen hat er gezackte Ränder und etwas Einbalsamierungsharz ist eingesickert.

[9] Das könnte darauf hindeuten, dass der Pharao eine offene Verletzung hatte, als er starb. Hat ihn eine infizierte Wunde dahingerafft? „Nur die Untersuchung von Knochenproben könnte mehr enthüllen über Lebensumstände, Krankheiten, vielleicht auch die Todesursache", sagt Michael Schultz, Paläopathologe an der Universität Göttingen. Der Professor mit einem Faible für kriminalistische Fälle liest aus antiken Knochen die Krankengeschichte wie aus einem Patientenblatt. Er würde sich das prominente Gebein gern genauer anschauen.

[10] Aber da lassen die Ägypter niemanden ran. Auch die CT-Scans werden für die weitere Forschung nur den Mitgliedern der Untersuchungsgruppe zugänglich sein. Und Ägyptens Chefarchäologe Hawass heizt die Debatte um den Tut-Tod erneut an: Er kann eines natürlichen Todes gestorben sein – oder er wurde vergiftet." Neue Untersuchungen sollen klären, ob Tutanchamuns Eingeweide dafür irgendwelche Anhaltspunkte liefern.

Quelle: Bild der Wissenschaft 6/2005, S. 73, Verfasserin: Ulrike Biehounek

18.1 Leseverstehen und Wortschatz

1. Was war der Anlass für die Annahme, dass Tutanchamun ermordet wurde? (1 Satz)

   Knochensplitter imm Hinter Kopf

2. Was ist die Quelle der Informationen über Tutanchamuns äußeres Aussehen? (1 Satz)

   1700 CT-Bilder . der prominente Mumie

3. Wie wurde die historisch-politische Bedeutung Tutanchamuns unmittelbar nach der Entdeckung seines Grabs eingeschätzt? (1 Satz)

   Der mäßigen die radikalen Reformen seines Vorgangers Echnaton

4. Im Text werden mehrere mögliche Erklärungen für die Knochenbrüche Tutanchamuns gegeben. Nennen Sie diese in Stichpunkten.

5. Warum lehnt das Obduktionsteam die Mord-Hypothese trotz der Knochensplitter im Hinterkopf ab? (1 Satz)

   Die Konochensplitter im Hin folgt von dem Einbalsamieren

6. Welche Textstellen können uns dabei helfen, die Abkürzung CT (CT-Bilder, CT-Scans) zu verstehen?

7. In den ersten zwei Sätzen des Abschnitts [4] gibt es mehrere Ausdrücke, die sich auf Tutanchamun beziehen. Zählen Sie diese auf.

8. Wie lauten die entsprechenden Nomen?

a) scannen ____________	e) brechen ____________
b) inzestuös ____________	f) infizieren ____________
c) sterben ____________	g) umsichtig ____________
d) ermorden ____________	h) vergiften ____________

9. Suchen Sie im Text Synonyme für die folgenden Wörter.

Abschnitt [2]: a) Gruppe von zusammenarbeitenden Wissenschaftlern ______

Abschnitt [3]: a) zart, fein, schlank ______

b) Diener, Untergebene, Bürger einer Monarchie ______

c) Bräuche, Gewohnheiten ______

d) signalisieren, auf etwas hindeuten ______

Abschnitt [4]: a) unwichtig ______

b) bedacht, überlegt, vorsichtig ______

Abschnitt [5]: a) vor allem, in erster Linie ______

Abschnitt [7]: a) Gruppe von Personen, die eine Leichenöffnung/Autopsie ausführt ______

Abschnitt [8]: a) mehrheitlich, vorherrschend, überwiegend ______

Abschnitt [10]: a) Indizien, Hinweise ______

10. Worauf bezieht sich *das prominente Gebein* im Abschnitt [9]?

______

18.2 Strukturen: Aufgaben

I Worauf beziehen sich die folgenden Wörter?

a) „dem" (Z. 24) Unfall

b) „dorthin" (Z. 27) Hinterkopf

c) „er" (Z. 33) Bruch

d) „das" (Z. 35) Ränder

e) „dafür" (Z. 46) ______

II Formulieren Sie die folgenden Sätze um, ohne ihren Sinn zu verändern.

1. Mord oder nicht Mord – das war die Frage, <u>die in den letzten Jahren mit dem Namen Tutanchamun verbunden war</u>.

→ das war die in ... verbundene Frage

2. Tutanchamun starb <u>wahrscheinlich</u> 1324 oder 1323 v. Chr. (Modalverb)

→ dürfte ~~sollte~~ ... sterben.

3. Der König hatte die Blüte seiner Jahre noch vor sich, <u>als er unerwartet starb</u>.

→ , Bei ~~Starb~~ seinem unerwarteten Tod. ~~Sterben~~

4. Ein internationales Forscherteam hat die prominente Mumie jetzt mit einem fahrbaren Computertomographen von Siemens gescannt.

→ Die ist jetzt mit von einem internationalen F gescannt worden.

5. Über 17.000 CT-Bilder suggerieren: Tutanchamun war bei seinem Tod ein junger Mann von 19 Jahren.

Dadurch, dass 170... sugg worden, war Tutanchamun bei seinem Tod ein junger Mann von 19 Jahren.

6. Er hatte ein langes Gesicht, und wenn er redete oder lachte, sah man seine großen Schneidezähne.

→ Bei seiner Reden oder Lachen

7. Seit der britische Archäologe Howard Carter das goldgefüllte Grab des königlichen Jünglings entdeckt hatte, zieht „Tut" Forscher wie Laien gleichermaßen in seinen Bann.

→ Seit der Entdeckung des goldgefüllten Grab des königlichen Jünglings

8. Knochensplitter in seinem Hinterkopf deuteten auf Mord hin.

→

9. Da viele vordere Rippen fehlten, kam aber auch Tod durch Unfall in Frage, bei dem die Brust zerschmettert wurde.

→ *Angesichts...* des Fehlens vieler vorderer Rippen.

Nachdem die C z studien.

10. Nach zweimonatigem Studium der Computerbilder meint das Obduktionsteam einstimmig: Kein Mord!

→ Wie zweimonatiges Studium der C zeigt.

11. Die Knochensplitter im Hinterkopf sind vielleicht beim Einbalsamieren nach dem Tod dorthin gelangt. (Modalverb)

→ können sein.

12. a) Aus den vielen Knochenbrüchen, die vorwiegend auf die unsanfte Behandlung bei der Entdeckung 1922 zurückzuführen sind, fällt ein Bruch am linken Oberschenkel heraus.

→ Aus den vielen vorwiegend .... zurückgeführten Kno

b) Aus den vielen Knochenbrüchen, die vorwiegend auf die unsanfte Behandlung bei der Entdeckung 1922 zurückzuführen sind, fällt ein Bruch am linken Oberschenkel heraus.

→

13. Das könnte darauf hindeuten, dass der Pharao eine offene Verletzung hatte.
→ Das könnte auf einer offener Verletzung des Pharaos

14. Der Professor mit einem Faible für kriminalistische Fälle liest aus antiken Knochen die Krankengeschichte wie aus einem Patientenblatt.
→ Der Professor, der einen Faible für k Fälle hat.

15. Und Ägyptens Chefarchäologe Hawass heizt die Debatte um den Tut-Tod erneut an: Er kann eines natürlichen Todes gestorben sein – oder er wurde vergiftet.“ (ohne Modalverb)
→ ist vielleicht gestorben.

18.3 Sprechen

Geschichte und Geschichtsschreibung

Die Geschichte kann man als ständige Anpassung sozial organisierter Lebewesen an ihre Umwelt, also als Entwicklung der Menschen, ihrer Traditionen, Aktivitäten und gegenseitigen Beziehungen beschreiben. Dementsprechend lässt sich die *Geschichtswissenschaft* als wissenschaftliche Beschäftigung mit vergangenen Ereignissen und mit der Entwicklung von Menschen, Völkern und Gesellschaften definieren.
Die wissenschaftliche Untersuchung der Dinge, die uns umgeben, setzt eine *objektive, unvoreingenommene* Vorgehensweise voraus. Die Interpretation der Geschichte beruht allerdings z. T. auch auf kulturellen Traditionen und politischen Ansichten der jeweiligen Geschichtsschreiber – und diese können von Gesellschaft zu Gesellschaft, von System zu System variieren. Kann die Geschichtsinterpretation also vollkommen sachlich und objektiv sein?

Inwieweit hängt die Geschichtsschreibung einer Nation oder Epoche mit den historisch-politischen Rahmenbedingungen, politischen Interessen und Machtverhältnissen zusammen? (Veranschaulichen Sie Ihre Ausführungen an Beispielen)

Inwiefern kann man sagen, dass die Menschen aus der Geschichte gelernt haben?

Diskutieren Sie diese Fragen, indem Sie von den folgenden Zitaten ausgehen:

Die Geschichte lehrt die Menschen, dass die Geschichte die Menschen nichts lehrt.
(Mahatma Gandhi, indischer Freiheitskämpfer, Zitatherkunft z. T. ungeklärt)

Wer die Geschichte nicht kennt, ist gezwungen, sie zu wiederholen.
(George Santayana, US-amerikanischer Philosoph und Schriftsteller spanischer Herkunft)

Geschichte ist Lüge, auf die man sich geeinigt hat.
(Napoleon Bonaparte, Kaiser der Franzosen von 1808 bis 1814/15)